NFT per principianti

"impara subito come creare NFT,
l'arte e come venderli
con la guida completa sui segreti dei Non Fungible Tokens
senza rischi "

Marzo Zucchetti

Prima di proseguire la lettura, l'autore e l'editore chiedono esplicitamente di leggere e comprendere le note legali per chiarire alcuni aspetti fondamentali della relazione tra le parti.

Nota legale:

questo libro è soggetto a diritti d'autore esclusivi; la lettura è destinata esclusivamente all'uso personale. Si precisa inoltre che non è assolutamente consentito modificare o utilizzare nessuna delle sezioni di questo libro, né gratuitamente né a pagamento; non è assolutamente consentito utilizzare, citare o parafrasare una o più sezioni di questo libro o il suo contenuto senza il consenso scritto e firmato dell'autore e/o editore.

Avviso legale sulla non responsabilità dell'autore e dell'editore:

L'autore e l'editore affermano e ribadiscono che tutte le informazioni contenute in quest'opera, prese singolarmente o nella loro interezza, a seconda della sensibilità del singolo lettore o lettrice, possono avere uno scopo didattico-educativo o quello di semplice passatempo.

L'autore e l'editore di questo volume, pur ricordando a tutti i lettori che non viene fornita esplicitamente o implicitamente alcuna garanzia di alcun tipo, affermano e ribadiscono che tutte le informazioni contenute in quest'opera, essendo derivate dalla lettura critica di varie fonti, possiedono il massimo grado di accuratezza, affidabilità, attualità e completezza in relazione alla loro capacità di ricerca, sintesi, elaborazione e organizzazione delle informazioni stesse.

I lettori sono consapevoli che l'autore non è in alcun modo obbligato a fornire alcun tipo di assistenza o consulenza legale, finanziaria, medica o professionale, e anzi raccomanda loro, prima di tentare una qualsiasi delle tecniche o azioni esposte in questo libro, di contattare un professionista legalmente autorizzato ad esercitare la professione, come da legislazione vigente.

Leggendo questa introduzione, ogni lettore accetta, esplicitamente o implicitamente, che in nessun caso l'autore e/o l'editore saranno responsabili per qualsiasi perdita, diretta o indiretta, derivante dall'uso delle informazioni contenute in questo libro, incluso ma non limitato a errori, omissioni o imprecisioni.

Contents

Un token non fungibile "NFT - Non Fungible token" è un'unità distinta di informazione, che non è intercambiabile, registrata su un libro mastro digitale che non può essere scambiata con un altro biglietto (blockchain)

Gli NFT possono essere collegati a oggetti digitali che possono essere riprodotti, come fotografie, film e audio

Nel caso dei NFT, un libro mastro digitale è usato per offrire un certificato di autenticità accessibile al pubblico o una prova di proprietà

Ancora, la relazione al file di dati stesso non è limitata dall'essere condivisa o copiata

Poiché gli NFT non sono intercambiabili (fungibili), differiscono dalle criptovalute basate su blockchain come Bitcoin, in questo senso

Quando si tratta dei costi energetici e dell'impronta di carbonio legati alla conferma delle transazioni su blockchain, così come il loro uso diffuso nelle frodi artistiche, gli NFT sono finiti sotto tiro

Ulteriori preoccupazioni mettono in dubbio l'utilità di produrre prove di possesso in un mercato spesso incontrollato e al di fuori del sistema legale

È possibile avere fiducia nella tecnologia NFT poiché assicura che i nodi funzioneranno sempre, non importa cosa succede alla blockchain

Come risultato, nulla può effettivamente accadere alle informazioni

La ragione di questo non è solo la quantità di denaro guadagnato, ma anche le somme del denaro protetto

I gettoni non fungibili hanno una varietà di vantaggi, il che dimostra la ragione del loro astronomicamente considerevole appeal

I token non fungibili sono senza dubbio uno degli sviluppi più eccitanti nel mondo del commercio su internet

Inoltre, questi benefici si sono sviluppati in validi fattori di vendita per vari consumatori

Mentre i benefici dei gettoni non fungibili creano un quadro positivo del loro futuro, è fondamentale essere consapevoli delle restrizioni di questi gettoni

Per esempio, nel caso delle NFT, la mancanza di leggi e di un'infrastruttura standard e universale presenta diverse difficoltà nella loro attuazione

Anche se ci sono alcuni limiti alle NFT, le caratteristiche positive superano quelle negative

È possibile superare gli attuali limiti delle NFT apportando piccole modifiche al loro design

Per superare l'indivisibilità di

Le NFT, per esempio, la proprietà frazionata può essere usata insieme ad altre strategie

Poiché i token non fungibili hanno applicazioni in una varietà di industrie, è fondamentale considerare come potrebbero essere utilizzati a loro vantaggio in quelle industrie

Si può iniziare a studiare ulteriormente le NFT e scoprire le strategie per utilizzare le loro benedizioni per ottenere i risultati più eccezionali possibili

Tutto quello che devi conoscere sugli NFT prima di partire

Per gli oggetti reali o virtuali, un NFT - che significa per il token non fungibile - agisce come una prova di autenticità, simile a un certificato di proprietà.

Ogni cambio di proprietà del file digitale è convalidato da una rete globale e registrato nel libro mastro pubblico della rete blockchain, che memorizza il file digitale unico.

Questo implica che la documentazione corretta è annotata in modo permanente nel file stesso, rendendo difficile sostituirla con un falso.

I bitcoin e le altre criptovalute, d'altra parte, sono token fungibili; simile al dollaro degli Stati Uniti, ogni bitcoin è equivalente a qualsiasi altro, mentre gli NFT sono solo uno

Dal suo inizio, la maggior parte delle vendite di NFT sono stati condotti in valute digitali come Ether e registrati sulla blockchain di Ethereum Allo stesso tempo, questa non è una necessità della forma

Oltre all'opera d'arte elettronica e al filmato, il file NFT non include la scheda di Shatner nella sua forma originale

In sostanza, è una forma di contratto che afferma "il titolare di questo NFT possiede quest'altro file digitale", ed è spesso accompagnato da un collegamento ipertestuale al file d'arte stesso

Oltre ad essere utilizzati come biglietti digitalizzati non falsificabili per eventi, gli NFT potrebbero anche essere usati come registri di proprietà per transazioni immobiliari.

Dopo tutto, non sono altro che pezzi di codice unici con una catena di proprietà verificabile e lunga

Questo concetto è stato utilizzato per la prima volta in un videogioco chiamato CryptoKitties

Dal 2017, gli utenti sono stati in grado di acquistare e scambiare NFT da collezione legati a particolari gatti virtuali, con valori che hanno raggiunto le sei cifre all'inizio di quest'anno

Top Shot, una fiorente ditta di clip da collezione NBA, è anche di proprietà di Dapper Labs, la stessa azienda che ha creato Crypto Kitties

Top Shot ha venduto 230 milioni di dollari in NFT legati agli highlights del basket da ottobre a gennaio

Quando si tratta di collezionare, l'attrattiva degli NFT è ovvia

Piuttosto che dipendere da prove forensi o da registrazioni di documenti a macchia di leopardo per stabilire che un'opera d'arte o una trading card è legittima, l'autenticazione è scritta direttamente nel file NFT stesso

L'attrattiva dei token non fungibili (NFT) che ora vengono acquistati e scambiati per milioni è molto meno evidente

In contrasto con una vera e propria trading card, che qualcuno potrebbe apprezzare per la sua rarità in una serie storica di produzione o cercare di completare una collezione, un file NFT non è in sé una trading card materiale

Inoltre, non è un'opera d'arte, tanto meno un'opera d'arte nota con una reputazione consolidata come un'opera di eleganza o di importanza storica.

Inoltre, nel caso dei file digitali frequentemente collegati agli NFT, chiunque può visualizzare gli stessi clip di basket ogni volta che vuole o salvare una copia della stessa immagine digitale con il suo disco rigido

Una transazione non finanziaria (NFT) non fa altro che riverificare e documentare la provenienza della NFT stessa, un po' come una produzione limitata di una fotografia - ma quando l'opera d'arte collegata alla NFT è liberamente disponibile, non c'è alcuna ragione intrinseca per cui la NFT debba avere alcun valore

A questo punto, entra in gioco l'immaginario collettivo del mercato

Poiché non hanno un valore intrinseco, gli strumenti non finanziari (NFT) sono analoghi al modo in cui le opere d'arte e le trading cards

possono operare come prodotti finanziari per gli investitori

Anche se il mercato dell'arte alta è sostenuto da un'economia di specialisti e tastemakers che teoricamente influenzano il valore di particolari pezzi d'arte, il mercato dell'arte d'elite è stato disconnesso da qualsiasi realtà tangibile per molti decenni

La maggior parte degli acquirenti d'arte acquistano opere d'arte perché sono di valore, non perché sono opere d'arte, e poi le tengono in magazzini fino a quando sono pronti a liquidarle come un bene nei loro registri e venderle a un nuovo acquirente che allo stesso modo le apprezza come un bene finanziario

Il mercato delle carte collezionabili è esploso nel 2020, con i prezzi di vendita delle carte rare che battono costantemente i record

Per esempio, una carta con Michael Jordan e LeBron James è stata venduta per 900.000 dollari a febbraio, un'altra carta di LeBron è stata venduta per 1 dollaro

8 milioni a luglio, e una carta di Giannis Antetokounmpo venduta per $1,81 milioni a settembre

Una figurina di baseball di Honus Wagner del 1909 venduta per $3,25 milioni ad un'asta in ottobre

Le carte stesse non sono cambiate, ma come un mercato di investimento, sono state sempre più attraenti per i commercianti e gli investitori alla ricerca di un rifugio con ricompense potenziali, proprio come le belle arti.

Le NFT usano la stessa premessa - che qualsiasi cosa unica e verificabile può essere usata come luogo per immagazzinare denaro e guadagnare guadagni - e la applicano a un oggetto immaginario reale o virtuale, indipendentemente dalla sua forma fisica o virtuale

In un'asta su un sito web dedicato solo alla vendita di NFT di tweet, Jack Dorsey, il fondatore e CEO di Twitter, metterà all'asta un NFT legato al suo primo tweet, con il prezzo più alto ora in piedi a $ 2,5 milioni di euro

Alcuni individui vendono derivati non finanziari (NFT) di opere d'arte di altre persone senza permesso

Potresti provare a scambiare un NFT per la luna se vuoi

Tuttavia, questa produzione di ricchezza dal nulla ha un costo finanziario effettivo per l'economia

L'elaborazione delle transazioni Bitcoin richiede una quantità significativa di potenza di calcolo, spingendo gli ambientalisti a esprimere allarme sullo sviluppo delle criptovalute

Joanie Lemercier, un artista francese, preoccupato per l'ambiente e che monitora regolarmente l'uso di energia del suo studio, è rimasto scioccato nello scoprire che la vendita di solo sei dei suoi dipinti come NFT ha consumato più energia in un giorno di quanta ne avesse usata nei due anni precedenti

Su una scala più grande, si crede che le reti di computer che compongono le blockchain di Bitcoin e Ethereum utilizzano tanta energia quanto l'Argentina e l'Ecuador ogni anno

Al di là degli alti costi energetici, non c'è alcuna garanzia che gli NFT manterranno il loro valore nel lungo periodo - proprio come non c'era ragione di credere che un pezzo di carta con una fotografia di Honus Wagner su di esso potesse mai valere davvero più del cartoncino su cui era stato pubblicato nel 1909

Tuttavia, molti musicisti hanno incassato la moda per il momento

Un pezzo d'arte con un NFT su di esso può portare migliaia di dollari per coloro che cercano di fare soldi dal loro lavoro cercando suggerimenti o vendendo stampe tangibili prima

Anche l'industria musicale ha iniziato a mettere i piedi nelle acque della realtà virtuale

Venerdì scorso, i Kings of Leon hanno pubblicato l'album attraverso tutti i soliti canali di distribuzione

Ancora, hanno anche deciso di cadere tre NFTs simultaneamente, insaporendo l'accordo per la base di fan (che possono anche essere commercianti di NFT) offrendo pagamenti di bonus dell'album, perks dello spettacolo dal vivo e materiale illustrativo supplementare a coloro che hanno acquistato NFTs al momento del rilascio.

1.1 Che cos'è esattamente un NFT?

I beni digitali che simboleggiano varie cose come oggetti da collezione, opere d'arte e altri beni in gioco sono noti come token non fungibili

I token non fungibili (NFT) sono spesso scambiati online con la maggior parte delle transazioni di criptovaluta e sono codificati all'interno di un contratto intelligente in esecuzione su una blockchain

I Token non fungibili (NFT) trasformano numerose opere d'arte elettroniche e oggetti da collezione in beni tracciabili e unici che possono essere scambiati semplicemente sulla blockchain

Per comprendere meglio la nozione, è necessario innanzitutto capire a cosa si riferiscono i termini "fungibile" e "non fungibile".

Se qualcosa non è fungibile, significa che è unico e non può essere sostituito da nient'altro

Il fatto che tu abbia una trading card originale e la scambi con un'altra significa che ti ritroverai con qualcosa di unico

Monete rare, oggetti Jordan in edizione limitata e persino le carte dei Pokémon vengono in mente come esempi di oggetti da collezione di alto valore.

Gli oggetti non fungibili hanno caratteristiche uniche, il che implica che anche se venissero fatte diverse copie dell'oggetto, ci sarebbe sempre un solo oggetto unico in esistenza

La certificazione di autenticità è inclusa nei token non fungibili, il che crea scarsità tra i beni accessibili

Tweets, skin di videogiochi, GIF, carte commerciali virtuali e beni immobili digitali sono solo alcuni esempi di token non fungibili (NFT)

A differenza del contante, Bitcoin e altre criptovalute, d'altra parte, possono essere scambiate per qualsiasi altra criptovaluta

Scambiando un bitcoin con un altro si ottiene l'acquisizione della stessa quantità di valuta

Come ulteriore illustrazione, considerate il seguente scenario: avete una banconota da 100 dollari; potete scambiarla con due banconote da 50 dollari, e il valore sarà lo stesso

Anche se il mercato NFT è ora in fermento con Mona Lissa virtuale, la questione rimane quali altre forme di NFT sono là fuori in natura oltre a tweet e immagini

Facciamo un tuffo nel regno delle NFT e vediamo se possiamo scoprire una soluzione a questa domanda

Tuttavia, provate a costruire una riproduzione esatta della Gioconda, fino alla pennellata e alla carta vera e propria, invece del materiale digitale, che può essere semplicemente copiato e fatto circolare

Considerare le NFT come opere d'arte digitali che non sono riproducibili

Questi sono attributi che non possono essere duplicati o cambiati in nessun modo, forma o aspetto

Infatti, il materiale può essere duplicato e condiviso su piattaforme di social media, ma l'acquirente manterrà il possesso del NFT indipendentemente da ciò che accade

L'atto di premere Ctrl + C su un NFT e caricarlo è analogo a prendere una fotografia di un'opera d'arte ed esporla sul tuo muro mentre l'originale è ancora in possesso del proprietario

1.2Comprendere meglio il potenziale degli NFT

Bitcoin e altre criptovalute, come il denaro reale, sono fungibili, il che significa che possono essere scambiati o scambiati l'uno con l'altro

Per esempio, il valore di un Bitcoin è sempre uguale al valore di un altro Bitcoin

Allo stesso modo, un'unità di Etere è sempre equivalente a un altro ramo di Etere

A causa della loro fungibilità, le criptovalute sono adatte all'uso come mezzo sicuro di scambio nell'economia digitale, dove hanno guadagnato un'ampia accettazione

Poiché ogni token è unico e insostituibile, le NFT alterano il paradigma crittografico, rendendo quasi impossibile che un token non fungibile sia considerato lo stesso di un altro

Sono rappresentazioni digitalizzate di beni che sono stati paragonati a passaporti digitali perché ogni token contiene un'identità distintiva e non trasferibile che gli permette di essere distinto dagli altri token in circolazione

Sono anche estensibili, il che significa che si possono combinare due NFT per creare una terza NFT, unica nel suo genere, allevandole insieme

Gli NFT, come Bitcoin, hanno informazioni di proprietà che permettono ai possessori di token di essere facilmente identificati e trasferiti tra loro

Inoltre, i NFT permettono ai proprietari di beni di fornire informazioni o qualità rilevanti per l'oggetto

Per esempio, nel caso dei chicchi di caffè, i gettoni che raffigurano i chicchi potrebbero essere riconosciuti come commercio equo e solidale

In alternativa, gli artisti possono firmare le loro opere d'arte elettroniche includendo la loro firma nelle informazioni ad esse associate

Gli NFT sono stati sviluppati come risultato dello standard ERC- 721

ERC-721 è un sistema di contratto intelligente impostato da alcuni individui disposti ad assumersi la responsabilità dello standard contrattuale intellettuale ERC-20

Definisce l'interfaccia minima - compresi i dettagli sulla proprietà dei titoli e i metadati - necessaria per lo scambio e la dispersione dei token di gioco

Portando il concetto un passo avanti, lo standard ERC-1155 abbassa i costi di stoccaggio e le transazioni associate ai token non fungibili mentre raggruppa numerosi non-token in una singola operazione

Cryptokitties, forse l'uso più noto degli NFT, è un buon esempio

I Cryptokitties, introdotti nel novembre 2017 e con numeri di identificazione unici sulla blockchain di Ethereum, sono rappresentazioni digitali di gatti

Ogni gattino è unico nel suo genere e ha un valore di etere corrispondente

Si riproducono tra di loro e generano nuova prole, ognuna delle quali ha caratteristiche e importanza uniche rispetto ai loro genitori

Dopo il loro lancio, i Cryptokitties hanno rapidamente guadagnato un grande seguito, con i fan che hanno speso più di 20 milioni di dollari in etere per acquistare, nutrire e altrimenti prendersi cura di loro in poche settimane.

Alcuni appassionati sono arrivati a spendere oltre 100.000 dollari per il progetto

Mentre lo scenario d'uso dei cryptokitties può sembrare irrilevante, quelli che lo seguono hanno ramificazioni commerciali di vasta portata

Per esempio, i token non fungibili (NFT) sono stati utilizzati nelle transazioni di private equity e immobiliari

Incorporare più tipi di token in un singolo contratto ha diverse implicazioni, una delle quali è la capacità di servire come deposito a garanzia di vari tipi di NFT, che vanno dall'arte alla proprietà immobiliare, in una singola transazione finanziaria

1.3 Introduzione su come Creare e acquistare gli NFT

Gli NFT sono utilizzati per garantire che un oggetto unico - generalmente un'immagine visiva come un'opera d'arte, una creazione musicale o un elemento all'interno di un videogioco - rimanga in possesso del proprietario

Bitcoin (CRYPTO: BTC) e alte criptovalute sono prodotte e mantenute su una blockchain, lo stesso sistema tecnologico di libro mastro digitale utilizzato da questi token e da diversi tipi di criptovalute

Gli NFT sono per lo più costruiti sulla rete Ethereum (CRYPTO: ETH), ma ci sono anche altre blockchain che alcuni NFT utilizzano, come Solana (CRYPTO: SOL) e Polkadot (CRYPTO: POLD) e altri (CRYPTO: DOT)

Se ci pensate, questi token digitali sono analoghi a una certificazione virtuale o a un titolo che presentereste per verificare che possedete un bene tangibile come una proprietà immobiliare

Sono una prova digitale di proprietà inizialmente destinata a contenuti digitali e opere d'arte

Tuttavia, i trust non finanziari (NFT) possono anche essere utilizzati per garantire la proprietà di beni fisici unici, che possono includere tutto, da beni immobili a oggetti da collezione a vere opere d'arte.

Se non diversamente specificato, ci riferiremo agli NFT come se rappresentassero essenzialmente attività virtuali per questo libro

Comprare NFT

I token non fungibili (NFT) sono acquistati e venduti tramite un mercato NFT dedicato, simile a Amazon (NASDAQ: AMZN) o Etsy (NASDAQ: ETSY), ma solo per i beni digitali

Questi mercati possono essere utilizzati per acquistare un NFT a un prezzo predeterminato o per condurre un'asta virtuale, simile al sistema di scambio utilizzato per comprare e vendere criptovalute e azioni

Di conseguenza, i prezzi dei NFT messi in vendita tramite asta sono volatili, fluttuando in valore in base alla domanda

La domanda di un prodotto aumenta a causa del costo

Una distinzione significativa tra NFT e azioni e criptovalute è che azioni e criptovalute sono fungibili, il che significa che un'unità è identica all'altra

Una quota di Amazon è uguale a un'altra parte di Amazon, e un singolo token Bitcoin è uguale a un altro token Bitcoin, e così via

Come token non fungibile (NFT), stai acquistando un oggetto unico che qualsiasi altra cosa simile non può sostituire sul mercato

È necessario stabilire e finanziare una borsa di bitcoin o cripto su un mercato NFT prima di poter fare offerte su questi beni digitali

Come un portafoglio virtuale su un sito di e-commerce, un crypto wallet mantiene la criptovaluta necessaria per acquistare un NFT

Un portafoglio deve essere riempito con la criptovaluta necessaria per comprare il NFT desiderato

Per esempio, un NFT basato sulla tecnologia blockchain di Ethereum può richiedere l'acquisto di token Ether da utilizzare nella transazione

L'acquisto di NFT è possibile attraverso diverse piattaforme

OpenSea, Rarible, super rare e Foundation sono alcuni dei mercati NFT più popolari

Inoltre, vari mercati specializzati si specializzano in particolari attività

Per fornire un esempio, NBA Top Shot, che la National Basketball Association controlla, offre NFT sotto forma di clip di giocatori che si esibiscono sul campo

Indipendentemente dal mercato, un portafoglio di criptovalute dovrà essere creato e pagato prima di poter fare offerte e acquistare un NFT

Come acquistare un NFT?

La maggior parte delle operazioni di NFT si svolge in un mercato specializzato

Ecco una breve spiegazione del processo di acquisto di questi oggetti digitali da lì

Attualmente, la maggior parte dei mercati si basa sul programma Ethereum per facilitare le loro transazioni

Di conseguenza, per comprare un NFT, avrete bisogno della moneta nativa di Ethereum, Ether

È possibile registrare un conto con un'alternativa come Binance o WazirX e acquistare i token se non ne hai già uno

inoltre, è necessario creare un portafoglio di criptovalute che sia compatibile con Ethereum

Un portafoglio di criptovalute è un luogo digitalizzato dove puoi tenere le tue monete al sicuro

Puoi aprire portafogli con scambi di criptovalute come Metamask, Binance e Coindesk

Per creare un portafoglio con una piattaforma di vostra scelta, dovete prima visitare il sito web del sistema di vostra scelta e registrarvi

Dopo la creazione del portafoglio, ti sarà richiesto di trasferire l'ether che hai acquistato dalle borse all'indirizzo del portafoglio

Seleziona il mercato da cui vuoi acquistare gli NFT

Le NFT possono essere trovate in una varietà di mercati diversi, e Rarible, OpenSea e Foundation sono solo alcune delle migliori piattaforme di trading non tradizionali

Crea un account sul mercato online di tua scelta

I vari mercati hanno una varietà di procedure di registrazione diverse

Collegare il tuo account al mercato è semplice

La maggior parte dei mercati include una semplice funzione "Connect wallet" sulle loro piattaforme

Cerca sul mercato e scegli un NFT che ti piace

Per acquistare NFT, la maggior parte dei mercati ha un meccanismo d'asta; dovrai fare un'offerta per il NFT che desideri

Quando si piazza un'offerta vincente, si concludono le transazioni, e il denaro appropriato sarà detratto dal tuo portafoglio il più presto possibile

Tieni presente che ti potrebbe anche essere richiesto di pagare una tassa di transazione al mercato

Tuttavia, l'importo del costo varia a seconda del mercato

Vendere NFT

Una volta acquistato un NFT, hai il controllo completo sul bene digitale e puoi usarlo in qualsiasi modo tu ritenga opportuno

Puoi conservarlo come collezione, metterlo in mostra per farlo vedere ad altri, o utilizzarlo come componente di un'impresa digitale più considerevole.

Puoi anche metterlo in vendita sul tuo sito web

I marketplace impongono una tassa per le transazioni non in contanti

Poiché l'elaborazione della blockchain richiesta per convalidare il NFT richiede energia, queste tariffe potrebbero cambiare a seconda del sistema blockchain che il NFT sta utilizzando

Questo viene chiamato "carica di gas

" Il pezzo del bene digitale che possiedi dovrà essere pubblicato sul mercato di tua scelta, che funzionerà solo se il mercato scelto supporta la blockchain su cui è stato sviluppato l'NFT

Da lì, puoi decidere se metterlo in vendita a un prezzo fisso o se avere una vendita all'asta in cui gli acquirenti presentano offerte sull'oggetto

Una volta che l'articolo è stato inviato, sarà verificato dal mercato

Dopo la vendita, il mercato si occuperà del trasferimento di NFT dal venditore all'acquirente e del trasferimento di criptovalute nel tuo portafoglio, meno il costo dell'inserzione e qualsiasi costo associato al calcolo della blockchain (se presente)

Creazione di NFT

Parte del fascino degli NFT proviene dai creatori di contenuti - artisti, cantanti, registi, autori e altri - che possono assicurare l'integrità del loro lavoro e allo stesso tempo monetizzarlo attraverso l'uso degli NFT per generare reddito.

Un NFT può essere creato da chiunque (o "coniato") e venduto su uno scambio di criptovalute o altro mercato

La procedura di conio varia un po' a seconda della piattaforma, ma i passi essenziali sono i seguenti:

Assicurati di avere un portafoglio di criptovalute impostato e carico

Clicca sull'opzione "crea" e carica la tua opera d'arte all'interno del marketplace

1.4 come Investire in NFT

Il movimento NFT è molto giovane, e serve come una prima indicazione del potenziale che le criptovalute hanno per rendere la digitalizzazione più accessibile a una gamma più ampia di individui

Per gli artisti, la creazione e la vendita di beni digitali può avere molto senso dal punto di vista finanziario

Tuttavia, quando si acquistano gli NFT

per il loro valore monetario come oggetti da collezione, sono considerati un acquisto speculativo

Il valore del lavoro è intrinsecamente sconosciuto e cambierà in risposta al desiderio del prodotto stesso

Non c'è una regola fissa e veloce per determinare quali oggetti da collezione cresceranno e diminuiranno di valore-rilevando un nuovo modello NFT all'inizio, d'altra parte, può essere abbastanza utile nel lungo periodo

Il valore di specifiche opere d'arte digitali, una volta vendute per pochi centesimi di dollaro, è aumentato a diverse migliaia di dollari

Se hai un occhio acuto per la musica, l'arte e altre forme di oggetti da collezione, e ami farlo, essere coinvolto in investimenti non tradizionali può essere una buona idea

Quando si acquista un bene, alcuni fattori da cercare includono il creatore dell'investimento, quanto è unico l'oggetto, la storia della proprietà del bene, e se il supporto può essere utilizzato o meno per creare denaro dopo che è stato acquisito (per esempio, il pagamento per visualizzare un pezzo o le tasse di ri-licenza)

In risposta all'affermazione che le NFT sono una "bolla" pronta a scoppiare, va notato che le bolle sono spesso scoperte solo dopo il fatto

Tuttavia, tenete a mente che questo non altera la realtà che i beni digitali possono, in futuro, sperimentare una flessione del valore

Calcola e diversifica i rischi associati ai tuoi investimenti - per esempio, includendo le criptovalute nel tuo portafoglio NFT così come le azioni delle aziende che sviluppano la tecnologia blockchain

Le NFT sono ancora agli inizi come strumento di ricerca e sviluppo

Anche se è un potenziale nuovo fronte nel mondo della tecnologia, ci sono pericoli associati all'investimento in un movimento nella sua infanzia

Mantenere la cautela man mano che si acquisiscono maggiori conoscenze sulle transazioni non finanziarie (NFT)

Ricorda di mantenere i tuoi beni diversificati per ridurre la possibilità che qualsiasi investimento cerchi di far deragliare i tuoi sforzi di costruzione della ricchezza

Vale la pena investire in NFT?

Destinati all'investitore ad alto rischio, gli NFT offrono una possibilità straordinariamente unica e potenzialmente lucrativa di generare profitti significativi - ma attenzione, questo è molto raro e si verifica solo in circostanze eccezionali

Se stai cercando un metodo più affidabile per investire i tuoi soldi, piuttosto che una GIF di un gatto Pop-Tart, pensa ad investire in un fondo indicizzato, che è meno affascinante e non ha la stessa cache culturale di una GIF di un gatto Pop-Tart

Per entrare nel regno dei token non fungibili, però, dovrai prima creare un portafoglio digitale nel browser del tuo computer

Qui è dove terrai le tue criptovalute e i token non fungibili (NFT)

In seguito, avrete bisogno di cercare NFT su piattaforme come OpenSea io o Rarible, seleziona quello che vuoi, poi acquisisci la criptovaluta appropriata per quello specifico NFT prima di fare il tuo acquisto

Dopo di che, è solo un gioco di attesa

Poiché il valore del tuo NFT è determinato da quanto qualcun altro è disposto a pagare per esso, sia tu che il tuo gatto Pop-Tart siete alla mercé del mercato in qualsiasi momento

1.5 principali Differenze tra NFT e criptovalute

NFT è l'abbreviazione di Non-Fungible Token

È spesso sviluppato utilizzando lo stesso tipo di progettazione software delle criptovalute, come Ethereum e Bitcoin, ma è qui che si fermano le somiglianze.

Il denaro fisico e le criptovalute sono "fungibili", che possono essere scambiati o scambiati l'uno con l'altro

Hanno anche lo stesso valore: un dollaro vale sempre un altro dollaro; un singolo Bitcoin è sempre equivalente a un altro Bitcoin

La fungibilità della crittografia la rende un modo affidabile di completare i blocchi di transazioni

Le NFT sono distinte

Ognuno contiene un certificato digitale che rende quasi impossibile che gli NFT siano scambiati o equivalenti l'uno con l'altro (quindi, non fungibili)

Un clip di NBA Top Shot, per esempio, non è uguale a tutti i giorni solo perché sono entrambi NFT

(Un filmato NBA Top Shot non è necessariamente equivalente a un altro filmato NBA Top Shot, se è per questo)

1.6Come funziona l'asta in Marketplace?

Il mercato delle aste è una piattaforma multi-side che collega venditori e acquirenti, dove i venditori fanno offerte o gare per i beni o i servizi

La distinzione dal mercato azionario è che il venditore piuttosto che il prezzo fisso stabilisce un'offerta bassa

Gli acquirenti iniziano a fare offerte per quanto desiderano

Dopo di che, l'oggetto va all'offerente con l'offerta più alta

L'aspetto cruciale è che questa procedura è completamente trasparente e aperta a venditori e acquirenti

Ci sono tre tipi principali di asta che potete fornire sulla vostra piattaforma:

Asta degli incrementi

L'incremento è un aumento di un importo su un numero specificato

Nell'offerta, gli incrementi sono un livello minimo che un'offerta d'asta deve aumentare ogni volta che l'offerta più alta corrente viene superata

Per esempio, date un'occhiata alla tabella degli incrementi di offerta su eBay

Se il prezzo attuale della merce è di $1.00-$4.99, la seguente offerta deve essere di almeno $0.25 maggiore

Per esempio, si offre un prodotto, il prezzo iniziale sarebbe $20, e l'offerta incrementale è $10

Se qualcuno inserisce un'offerta di 50 dollari, sarà immediatamente incrementata di 10 dollari

Dopo questo, nessuno può presentare un'offerta inferiore a 60 dollari

Asta con prezzo di riserva

Un'asta con prezzo di riserva permette all'acquirente di specificare un prezzo più basso a cui vuole vendere

Di solito, questo prezzo è mascherato, così gli acquirenti possono solo vedere se è stato soddisfatto o meno

Quando il prezzo limite viene raggiunto, l'offerta più alta vince l'asta

Per esempio, si vende un pezzo di gioielleria antica e si stabilisce un prezzo guida di 40 dollari, con un prezzo iniziale di 2 dollari

In questo esempio, gli individui possono iniziare a fare offerte a $2, ma se fino alla conclusione dell'asta le offerte non hanno raggiunto $40, i tuoi gioielli non saranno messi all'asta

Asta automatica

Un'asta automatizzata è il metodo più semplice per fare offerte

In questa situazione, gli acquirenti specificano il prezzo più eccellente che desiderano pagare per il prodotto e fanno un'offerta autonoma per conto dell'acquirente

Se un altro offerente presenta il costo più alto, l'acquirente precedente sarà overbid, e la sua richiesta terminerà

1.7 Casi studio

Parigi Hilton.
Mark Cuban Steph.
Curry Eminem.

L'intera lista di celebrità che hanno adottato gettoni non fungibili - sia producendo, collezionando o facendo pubblicità - sembra diventare più prominente di minuto in minuto, e spazia da Lil Nas X a Rob Gronkowski

Gli NFT sono qui Non sono più confinanti

Precisamente, gli NFT da collezione e d'arte sono diventati popolari con una velocità fantastica - più velocemente di quanto anche il più stellato, il toro della criptovaluta della luna avrebbe potuto sognare

Ora abbiamo una comprensione più precisa del perché

Come detto prima, le NFT (in particolare arte e oggetti da collezione) sono piacevoli, visualizzabili, culturalmente significative, e sono semplici da afferrare in un modo che molte idee della blockchain non sono

Possono affrontare le sfide del mondo reale

Poi c'è la crescita che molti nel campo - me compreso - hanno malamente sottovalutato: l'aspetto comunitario

L'aspetto sociale

Quando paghi per un Bored Ape Yacht Club, World of Women NFT, o Cryptopunk, indica che l'hai ottenuto e partecipi al club

"La gente si relaziona con loro a livello umano", ha detto Maria Shen, un direttore di Electric Capital, una società di venture capital (VC) focalizzata sulla blockchain.

"La proprietà rivela qualcosa

essenziale sulla loro identità; dice qualcosa sui loro desideri

" Questo lo comprendiamo ora

Ma cosa c'è dopo?

Solo un anno fa, l'arte e i NFT da collezione erano essenzialmente concetti con "potenzialità", ma nessuno al di fuori della comunità cripto li prendeva sul serio

Quali categorie ora sono in quel periodo simile di congetture iniziali, che scoppieranno? Quale NFT dal suono goffo sarà sponsorizzato da Tom Brady nel 2022? Quale NFT innovativo e sconvolgente del settore sosterrà Ariana Grande nel 2023? Quali sono i capitoli futuri di questa straordinaria narrazione? La discussione con un trust di cervelli di addetti ai lavori NFT - investitori, imprenditori, individui che prosperano gettoni non fungibili - ci offre una visione del (potenziale) futuro

Alcuni di questi gruppi appariranno evidenti, e alcuni appariranno inverosimili

Alcuni potrebbero anche sembrare ridicoli

Eppure esaminati, possono rivoluzionare il modo in cui consumiamo materiale, come spendiamo e generiamo denaro, come verifichiamo la nostra identità, come partecipiamo a un evento, come ci comportiamo, o anche come o dove passiamo la maggior parte del nostro tempo

Secondo l'azienda, i piccoli blob di Axie Infinity sono giocati da 2 milioni di individui ogni giorno, attualmente valutati a 3 miliardi di dollari

Secondo Devin Finzer, amministratore delegato di OpenSea, la più grande piattaforma NFT del mondo, "Il gioco è esaltante perché hai già milioni di persone che stanno acquistando beni digitalizzati all'interno dei giochi

" Finzer crede che la ragione per cui non abbiamo ancora visto un'adozione più diffusa è che "il ciclo di sviluppo con i giochi è un po' più lungo che con i progetti da collezione e le arti più semplici", ha spiegato.

Un po' di tempo in più è stato aggiunto all'attesa

" Egli prevede che i risultati di questi miglioramenti saranno visibili entro un anno o due.

Jamie Burke, amministratore delegato di Outlier Ventures (un laboratorio di venture capital e acceleratore di blockchain con sede nel Regno Unito), è stato inizialmente ispirato da una ricerca che mostra che "le persone passano cinque volte più tempo a giocare a un gioco blockchain che a un gioco convenzionale

" Ha detto che all'inizio, i dubbiosi hanno "cacciato" questo studio, ma poi Axie è entrato in scena

Nell'opinione di Burke, il mostro Axie serve come prova che un giocatore è dato l'opzione di uscire dal gioco incassando in criptovaluta e viene data la completa libertà di "fare quello che diavolo vogliono con il denaro", spenderà più soldi

Di conseguenza, prevede che Axie è solo l'inizio di un boom di giochi molto più grande che sarà "enorme nel prossimo decennio" e che sarà "enorme nel prossimo decennio"

"I marchi di lusso stanno entrando nell'area NFT", aggiunge Laglasse fumando una sigaretta durante la nostra teleconferenza Zoom

Il 30 settembre, il famoso marchio Dolce e Gabbana ha venduto la sua prima selezione di nove pezzi di NFT, soprannominata "Collezione Genesi", una combinazione surreale di alta moda e tecnologia blockchain, per un grande valore di 5 dollari

6 milioni, rendendola la collezione NFT più costosa mai venduta

La collezione comprendeva oggetti tangibili (come i vestiti delle donne) e le loro controparti digitali, le NFT

Un nuovo marchio chiamato Auroboros, che si spiega come "la prima casa di moda a fondere tecnologia e scienza con la couture fisica", ha debuttato una linea di abbigliamento virtuale che si può "indossare" usando la realtà aumentata appena due settimane prima, durante la settimana della moda di Londra (AR)

Per mettere le cose in prospettiva, questo non è successo durante una conferenza legata alla crittografia, e questo è successo durante la settimana della moda di Londra

Dovresti comprare degli NFT?

Solo perché si possono acquistare NFT, significa che si dovrebbe? Varia

Le NFT sono pericolose perché il loro futuro è imprevedibile e non abbiamo ancora molta esperienza per valutare le loro prestazioni

Dal momento che gli NFT sono così nuovi, può valere la pena di investire somme modeste per controllarli per ora

In altre parole, l'investimento in NFT è una scelta principalmente personale

Se avete denaro extra da spendere, può essere essenziale da considerare, in particolare se un lavoro porta importanza

Ma tenete a mente che il valore di un NFT è interamente basato su quanto qualcun altro è disposto a pagare per esso

Di conseguenza, il desiderio guiderà il prezzo invece delle condizioni tecniche, fondamentali o finanziarie, che spesso hanno un impatto sui prezzi delle azioni e costituiscono approssimativamente la base della domanda degli investitori.

Tutto ciò implica che un NFT può essere rivenduto a meno di quanto avete comprato per esso

O potresti non essere in grado di rivenderlo affatto se nessuno lo vuole

Le NFT sono anche soggette alle tasse sulle plusvalenze quando si vendono azioni con un profitto

Poichè sono considerati i collectibles, tuttavia, non possono godere i buoni tassi a lungo termine dei guadagni di capitale fanno e possono potenzialmente essere tassati ad un piÃ¹ grande tasso di imposta dei collectibles, benchÃ¨ il IRS non abbia ancora stabilito che cosa NFTs sono considerati per i motivi fiscali.

Tieni presente che le criptovalute usate per acquisire gli NFT possono anche essere tassate se hanno guadagnato in valore da quando li hai acquistati, quindi potresti voler controllare con uno specialista fiscale quando contempli l'aggiunta di NFT al tuo portafoglio.

Detto questo, trattate gli NFT come fareste con qualsiasi investimento: Fate i vostri compiti, conoscete i rischi che potete perdere tutti i vostri dollari di investimento - e se decidete di saltare, andate con una sana dose di cautela

Le principali Tipologie di Nft che devi conoscere

Il concetto di ciò che costituisce una NFT è ancora un po' ambiguo, con il risultato che fondamentalmente qualsiasi cosa può essere categorizzata come una NFT

Ecco una lista degli NFT più diffusi e ragionevoli attualmente disponibili sul mercato

2.1 Art

Nell'era attuale, le NFT artistiche sono tra le forme più diffuse di NFT

Consideriamo un gruppo di scimmie che si annoiano e un gruppo di punk che si annoiano

Gli appassionati di arte digitale non sono diversi da quelli che amano l'arte reale

Lo status, la bellezza, la componente sociale e il mecenatismo sono solo alcune delle cose che gli appassionati di NFT cercano in queste opere d'arte

Le case discografiche, i punti vendita e i servizi di streaming sono stati criticati per essere ingiusti nei confronti dei musicisti, con la stragrande maggioranza dei soldi che vanno a loro piuttosto che agli artisti.

Iniziative di token non fungibili (NFT) musicali come Sound, Arpeggi Labs e Royal stanno già spuntando, permettendo ai musicisti di avere più controllo sul loro lavoro

Gli NFT musicali offrono agli artisti l'opportunità di produrre un oggetto da collezione e agli ascoltatori la possibilità di diventare parte di un gruppo limitato di super fan

Il tipo più spesso praticato di NFT è un'espressione artistica

La creazione di NFT ha fornito un'eccellente opportunità per i designer di vendere le loro più grandi opere online nello stesso modo in cui le venderebbero in un negozio fisico

Al momento, molti dei trasduttori ottici non lineari più costosi sono pezzi d'arte

"EVERYDAY'S: THE FIRST 5000 DAYS", del famoso artista Beeple, è il NFT di maggior valore mai venduto, secondo Luno, rendendolo il NFT più costoso mai venduto

Un incredibile 69 milioni di dollari è stato pagato per questo dipinto

Ci sono inoltre operazioni non finanziarie (NFT) molto costose che stanno distruggendo i conti finanziari dei miliardari

Questo vale anche per le opere di video arte

I cortometraggi e anche le GIF animate si sono vendute velocemente per milioni di dollari

In particolare, un secondo filmato a ripetizione di 10 secondi chiamato "Crossroad", che raffigura un Donald Trump nudo

steso a terra è andato per 6 dollari

6 milioni ed è stato il video più costoso mai venduto su eBay

Anche questo è stato creato da Beeple

2.2 Accesso

Questi token digitali permettono un accesso ampiamente interoperabile e a basso attrito, mantenendo un'elevata sicurezza

Questo tipo di NFT può essere utilizzato per dare accesso elettronico a video classi o un server discord personale, tra le altre cose

2.3 Oggetti in gioco
(video Games)

Quando si tratta di giochi, i prodotti virtuali sono comuni, con il Web 2

0 i giocatori spendono circa 40 miliardi di dollari all'anno in beni virtuali

D'altra parte, questi oggetti virtuali rimangono di proprietà della società piuttosto che essere trasferiti ai giocatori

Un altro aspetto sfortunato è che questi articoli non sono interoperabili tra loro

Gli NFT dei giochi, come Axie Infinity, permettono all'utente di acquisire NFT in base ai risultati ottenuti durante il gioco stesso

2.4 Musica

La musica è anche una componente importante dello spettro NFT

La musica è stata un prodotto fungibile per decenni, essendo stata prodotta e consegnata su vari supporti, tra cui dischi, CD, cassette, e ora digitalmente su internet

Gli NFT, d'altra parte, sono diventati più popolari tra gli artisti e i DJ, con il risultato che alcuni di loro guadagnano milioni di dollari nel giro di poche ore

A causa dei tagli effettuati dalle piattaforme di streaming e dalle etichette discografiche, i musicisti spesso ottengono solo una percentuale delle entrate generate dal loro lavoro

Quando si tratta di transazioni non finanziarie, gli artisti possono trattenere circa il 100 per cento del denaro, ed è per questo che molti artisti musicali stanno girando in questo modo

2.5 Riscattabili

Essi descrivono un modello in cui un token digitalizzato può essere riscattato per beni tangibili

I collezionisti di alto livello usano caveau per conservare le loro collezioni, un esempio perfetto

Per ridurre il numero di intermediari e l'attrito, i NFT riscattabili sono presentazioni digitali di tali compilazioni che possono essere scambiate e mostrate digitalmente

2.6 Articoli legati ai videogiochi

Con i videogiochi, abbiamo raggiunto un'altra frontiera nel campo della NFT

Le aziende non stanno vendendo interi giochi come gettoni non trasferibili

Invece, venderanno materiale di gioco come personaggi, skin e altri accessori

Al momento, gli utenti possono acquistare decine di record di beni DLC

Un articolo NFT, d'altra parte, sarà unico ed esclusivo per un singolo cliente

NFT permette agli sviluppatori di vendere DLC ordinari mentre vendono anche una particolare versione DLC sul mercato NFT

2.7 Meme

Se avevi l'impressione che il World Wide Web non potesse diventare più divertente, il mercato NFT ora ti permette di comprare e vendere memi

Una caratteristica unica è che in certe circostanze, la persona mostrata nel meme è la persona che sta vendendo l'oggetto

Molti dei memi più noti, tra cui la ragazza del disastro, Nyan Cat, Bad Luck Brian e altri, appaiono sulla lista, con guadagni che vanno da 30.000 a 770.000 dollari per meme

Il meme Doge, il meme più prezioso fino ad oggi, è stato venduto per ben 4 milioni di dollari in una recente asta

2.8 Identità

Ci sono stati numerosi casi di informazioni personali compromesse nel corso delle due ere del web

Si stanno promuovendo metodi migliori per identificarsi, come la funzione Accedi con Ethereum

I sistemi di gestione dell'identità come ENS semplificano la condivisione dei dati su più piattaforme

Quando si tratta di rivelare selettivamente cose come qualifiche, reputazione e registri, gli NFT lo renderanno semplice

2.9 Basi di dati sul web2.0

Le persone possono usare archivi di dati decentralizzati e tecniche crittografiche per estendere le NFT a qualsiasi dato conservato in un Web 2 centralizzato

0 database tramite archivi di dati decentralizzati e metodi crittografici

Considera la tua rete sociale completa o anche i tuoi interessi di osservazione, come un esempio

Con l'aiuto di queste NFT, si può facilmente passare da una realtà all'altra

2.10 Carte commerciali   e altri oggetti da collezione

Le NFT possono essere paragonate alle trading card digitali in diversi modi

È risaputo che le carte da baseball in edizione speciale possono essere vendute per milioni di dollari, e l'industria NFT non fa eccezione

È possibile scambiare e acquistare sul mercato copie di trading cards generate dal computer, e queste possono essere conservate nello stesso modo in cui sono supportate le trading cards autentiche

E, proprio come la cosa reale, alcune di queste repliche hanno un prezzo superiore al milione di dollari

Le imprese possono vendere vari tipi di oggetti da collezione, non solo le trading cards, sul mercato NFT

Se qualcosa è considerato da collezione, può essere messo in vendita sul mercato aperto

2.11 portare tutto alla vendita "closing"

Chiunque può categorizzare e vendere i propri beni, come dimostra la creazione di un NFT del primissimo tweet dell'inventore di Twitter, Jack Dorsey, nel 2011

Con così tanto interesse generato nell'ambiente NFT, è probabile che sorgano preoccupazioni come "Le NFT sono in una bolla?

Qual è il valore monetario degli NFT? Queste sono questioni complicate a cui rispondere, ma finché gli individui esplorano le molte possibilità, l'universo NFT continuerà ad espandersi

2.13 Sport

Le NFT forniscono qualcosa che non può essere replicato nel mondo fisico: un ricordo di occasioni sportive indimenticabili

Questi sono brevi video di eventi storici nello sport, come le schiacciate che cambiano la partita o i touchdown che cambiano la partita e che vale la pena vedere

Anche se queste registrazioni possono essere brevi come 10 secondi di lunghezza, possono arrivare a costare fino a 200.000 dollari

2.14Nomi di dominio

La febbre NFT si è estesa ai nomi di dominio, che non sono immuni alla malattia

È possibile registrare un nome di dominio e poi venderlo sul mercato NFT, e questo ha diversi vantaggi rispetto ad altre opzioni

Spesso ti verrà richiesto di pagare un'azienda esterna per amministrare il tuo nome di dominio

Se ne acquistate uno sul mercato NFT, avrete diritto a rivendicare la proprietà esclusiva della parola, eliminando così la necessità di un terzo intermediario

2.15 Moda Virtuale

Tutto ciò che viene acquistato e scambiato sul mercato NFT è stato fatto virtualmente, quindi perché lo stile dovrebbe essere diverso? Moda virtuale Puoi spendere un sacco di soldi per un costume fantastico, ma non sarai in grado di indossarlo correttamente

Invece di vestire i loro avatar reali, coloro che acquistano i Fashion NFT lo faranno online

Questo può sembrare assurdo, ma tenete a mente che qualcuno ha pagato 4 milioni di dollari per acquisire il meme Doge da qualche parte in questo mondo

Essere l'orgoglioso proprietario di una borsa virtuale o di un gioiello è riservato ai più sontuosi e alla moda.

Queste, naturalmente, saranno tutte creazioni uniche con un numero limitato disponibile

2.15 Articoli Vari

Gli altri elementi di questa lista erano semplici da descrivere, ma il mercato NFT è un po' un selvaggio west del business online, come si è visto dal crollo del mercato NFT che si è verificato alcuni mesi fa

Come indicato in precedenza, Jack Dorsey ha essenzialmente venduto un singolo tweet

Questo apre la porta a chiunque per vendere qualsiasi cosa voglia sul mercato NFT, che è in effetti quello che è per

Che si tratti di tweet, articoli, stati di Facebook, Snapchat Stories o TikToks, il cielo è il limite a ciò che la gente può vendere su internet

Esiste molto potenziale nel settore NFT che deve ancora essere esplorato

La gente ha comprato una grande varietà di oggetti come NFT, dalle cartoline digitalizzate del baseball alle borse virtuali di Versace, e siamo solo all'inizio dell'iceberg

Che Vantaggi ti porta Possedere NFT ?

I Token non fungibili (NFT) sono la parola d'ordine attuale nel business della blockchain, e sono una sorta di criptovaluta

Il loro emergere come un eccitante sottoinsieme del mondo delle criptovalute è stato salutato come una manna

Tuttavia, con tutto il clamore che c'è intorno a loro, ci si può chiedere se siano davvero utili o meno

Come venditore, acquirente o potenziale investitore in futuro

Considerate i seguenti esempi di come le NFT opereranno a vostro vantaggio

3.1 i vantaggi del Mercato Decentralizzato (DEFI)

Le NFT offrono agli artisti l'opportunità di trarre immediatamente profitto dal loro lavoro

Un esempio eccellente è il mondo dell'arte, dove qualcuno vorrebbe i servizi di un agente per vendere e pubblicizzare il proprio lavoro

Questi intermediari vengono eliminati, permettendo agli artisti o ai produttori genuini di impegnarsi e commerciare direttamente con i loro clienti attraverso i NFT

Questo concetto fornisce anche ulteriori vantaggi agli sviluppatori, permettendo loro di ricevere una tassa per ogni momento in cui l'NFT viene scambiato

3.2 "One-of-a-Kind"

Sono poco comuni nel senso che può esistere solo uno di loro e che sono impegnativi da realizzare

In contrasto con migliaia di NFT, la maggior parte degli artisti e dei venditori avranno solo pochi NFT nella loro collezione

Di conseguenza, è ragionevole supporre che diventerete una delle poche persone che avranno questi oggetti da collezione

3.3 Collezionismo digitale

In senso tecnico, tutti gli NFT hanno raccolto elementi

Come detto in precedenza, sono unici, e solo uno di ciascuno può essere trovato

Dopo l'acquisto, hai la possibilità di tenerli e vedere il loro valore crescere nel tempo

3.4 Possibilità "Liquida" di rivendita

La maggior parte degli individui si impegna con le NFT perché crede di trarne profitto

C'è un gran numero di persone che si guadagna da vivere rivendendo questi articoli

Investire in metalli non ferrosi per il loro prezzo di vendita ha il potenziale di fornire enormi ricompense

Alcuni di questi pezzi d'antiquariato sono stati rivenduti per più di 20.000 dollari quando l'acquirente originale ha speso poche migliaia di dollari

Hanno guadagnato quasi 15.000 USD in un solo affare rivendendo gli articoli!

3.5 Scambiabili

Nessuno cambierà mai le informazioni memorizzate sul token

Oltre a questo, non può essere cancellato, perso o altrimenti eliminato dalla rete blockchain

In sostanza, si suppone che persistano indefinitamente poiché le loro informazioni rimarranno sempre nella loro forma originale

Questo, di per sé, contribuisce alla loro collezionabilità e all'alto valore monetario

3.6 Copyright e diritti

Uno dei vantaggi più significativi della tecnologia NFT è che permette agli artisti e ai fornitori di contenuti di possedere completamente la proprietà intellettuale

La maggior parte dei contratti di licenza non includono un linguaggio come questo, che permette loro di continuare a fare soldi senza rinunciare ai loro diritti di copyright

3.7 Sicurezza digitale

Quando si tratta di NFT, potete essere sicuri che le vostre informazioni sono al sicuro

Le blockchain sono decentralizzate, il che significa che i dati che contengono sono memorizzati in diversi nodi distinti situati in tutto il mondo

I record del database sono sempre identici in ogni nodo, indipendentemente da quale sia usato

Anche se la connessione internet è fuori uso, ci sarà sempre una registrazione di ciò che è successo da qualche parte nel sistema

3.8Certificato di Autenticità

Un NFT è, nel suo cuore, un meccanismo che utilizza la tecnologia blockchain per produrre beni digitali non fungibili

Due vantaggi chiave possono derivare dall'uso di queste qualità

Il certificato di proprietà è il servizio principale fornito da NFT

Nel caso del NFT basato su blockchain, la prova della proprietà è salvaguardata contro l'alterazione o la modifica

Un bene digitale può avere solo una proprietà autorizzata alla volta, come risultato di questo

Di conseguenza, i clienti non devono più preoccuparsi della possibilità di contraffazione

Poi c'è la questione della genuinità

Attraverso l'uso di NFT, gli oggetti digitali sono trasformati in beni non fungibili che sono associati a record unici

Mantenere il valore dei beni e il diritto al loro proprietario è possibile mantenendo i loro registri in sospeso

Inoltre, la blockchain immutabile protegge le NFT dall'essere alterate, rimosse o sostituite, permettendo alle NFT di rappresentare l'autenticità come una caratteristica desiderabile per cui possono essere scambiate

3.9 Trasferibili

Il commercio di NFT è condotto attraverso l'uso di contratti intelligenti

Una piattaforma è autonoma, sicura, precisa e priva di interruzioni nel suo funzionamento

È più facile trasferire la proprietà di NFT quando si usa un contratto intelligente, poiché ha solo bisogno dell'adempimento di particolari requisiti tra l'acquirente e il venditore seguendo il design del contratto

3.10 Royalties

NFT dà la possibilità ai fornitori di contenuti di mantenere il controllo completo dei loro diritti di proprietà intellettuale

Per facilitare la creazione di contratti intelligenti, NFT incoraggia gli autori di contenuti a concedere la proprietà del solo contenuto quando producono nuovi NFT

Usando questo accordo, il creatore di contenuto sconosciuto sarà compensato quando il suo lavoro sarà venduto, e riceverà anche un pagamento di royalty per ogni volta che i nuovi proprietari venderanno il loro contenuto

3.11 Prospettiva economica

Fino a poco tempo fa, l'enfasi principale dei professionisti della NFT è stata sulle loro caratteristiche essenziali

Le fibre ottiche non lineari (NFT) hanno trovato largo uso nel campo dei contenuti digitali negli ultimi anni

Il carattere frammentato del mercato dei contenuti digitali è la ragione cruciale per la praticità delle NFT nel regno della produzione di contenuti digitali

I creatori e i fornitori di contenuti sono continuamente sfidati dal terrore che i podi concorrenti stiano minando le loro entrate e diminuendo le loro possibilità di incasso

Per esempio, un artista digitale che pubblica la sua produzione sui social network potrebbe anche generare entrate per la piattaforma vendendo pubblicità agli ammiratori dell'artista

Mentre l'artista riceve un modo eccellente per promuovere, non aiuta l'artista a guadagnare denaro come risultato dei vantaggi della piattaforma

I vantaggi dei gettoni non fungibili possono aprire la strada alla formazione e all'espansione di un'intera nuova economia creatrice in futuro

L'economia del creatore sarebbe concentrata sull'assistenza ai produttori di contenuti per evitare di dover trasferire la proprietà alle piattaforme che utilizzano per commercializzare il loro materiale

Grazie alle tecnologie non finanziarie, la proprietà del materiale è incorporata solo nel contenuto

Di conseguenza, quando i produttori di contenuti vendono il loro lavoro, le entrate arrivano direttamente a loro

Se la NFT viene venduta a un nuovo proprietario, il creatore della NFT può essere in grado di raccogliere royalties attuando accordi innovativi mentre sviluppa nuove NFT

Finché i metadati NFT contengono l'indirizzo dell'inventore, il creatore originale può essere idoneo a raccogliere royalties da ogni rivendita del token

3.12 Aumentare il tasso di crescita inclusiva

Il terzo e più significativo punto da menzionare tra i benefici delle NFT è la loro capacità di promuovere una crescita e uno sviluppo equi

Le NFT collegano i produttori di contenuti di diverse aree in un unico ambiente, permettendo nuovi percorsi di sviluppo inclusivo per tutti i partecipanti

Prima di tutto, gli artisti NFT possono realizzare l'intero valore del loro lavoro e impegnarsi in una comunicazione diretta con il loro pubblico di riferimento

D'altra parte, gli acquirenti hanno la possibilità di ottenere liquidità in una varietà di vari tipi di attività attraverso l'uso di NFT

Per esempio, l'uso di strumenti non finanziari (NFT) per i metalli preziosi è un esempio ben noto di assicurazione della liquidità

Le NFT che riflettono la proprietà di una particolare proporzione di beni del mondo reale, come i beni immobili, hanno il potenziale per dimostrare flessibilità di crescita

Gli agenti immobiliari potrebbero pubblicizzare le proprietà come trust non finanziari (NFT) con proprietà parziale dei beni

Di conseguenza, numerosi acquirenti potrebbero potenzialmente acquisire una quota di una singola attività, a condizione che siano soddisfatti determinati requisiti

Infine, la promessa di futuri pagamenti di royalty ai creatori attraverso gli NFT ha ramificazioni significative per la crescita futura, particolarmente cruciale

Mentre le NFT forniscono enormi benefici a vari attori del sistema, hanno anche il potenziale per dare alcuni benefici più ampi a tutti i partecipanti

Per esempio, le NFT generano efficacemente una crescita inclusiva, come dimostrano i molti casi di applicazione delle NFT in vari settori

Senza dubbio, la tecnologia blockchain NFT offre una vasta gamma di vantaggi che la rendono un investimento molto redditizio

Forniscono vantaggi incredibili non solo agli inventori ma anche ai rivenditori che li utilizzano

C'è un potenziale significativo per le NFT di diventare una componente vitale del destino della maggior parte dei settori nel prossimo futuro

In conclusione, i gettoni non fungibili (NFT) sono utili ai consumatori in molti modi

Tuttavia, anche se l'NFT richiede più esplorazione in termini di questioni come l'applicazione, il cyber

sicurezza e sfruttamento, si è già affermato come un metodo praticabile che potrebbe essere adottato da una varietà di industrie in futuro

Come creare il tuo NFT
e come venderli

Anche se gli NFT sono spesso venduti e acquistati usando criptovalute come Ethereum e Bitcoin, non sono essi stessi criptovaluta

Le criptovalute sono fungibili nello stesso modo in cui lo sono i dollari e altre materie prime

Se scambiate un singolo bitcoin con un altro bitcoin, il valore di entrambi i bitcoin rimane lo stesso, e avrete ancora un bitcoin in vostro possesso

Poiché le NFT sono uniche, non hanno un valore monetario se non quello che i clienti sono disposti a pagare per loro

4.1 Selezionare un elemento

Se non l'avete già fatto, dovrete capire quale tipo di oggetto digitale unico vorrete convertire in un NFT

Può essere qualsiasi cosa, da opere d'arte su misura a fotografie, musica, videogiochi da collezione, meme, GIF o tweet

Un NFT è un artefatto digitale unico con un solo proprietario, e la rarità dell'oggetto contribuisce al suo valore NFT

Per convertire un oggetto in una NFT, devi prima assicurarti di controllare la proprietà intellettuale dell'oggetto

Se si crea un NFT per un bene digitale virtuale che non si possiede, ci si può trovare in pericolo legale

Scegliere l'opera d'arte è il primo e più cruciale passo da fare

I token non fungibili possono descrivere qualsiasi file digitale che non sia fungibile

Fare una NFT di pittura digitale, un testo, un pezzo di musica o un video può essere fatto in molti modi

Tutto ciò che può essere duplicato come un file multimediale è considerato un file multimediale

Dopo tutto, l'obiettivo del gioco NFT è quello di trasformare le opere d'arte digitali in oggetti "unici" in un'epoca in cui tutto può essere replicato indefinitamente

4.2 Seleziona la Blockchain che vuoi usare

Seleziona la blockchain che vuoi usare

Una volta che hai scelto il tuo bene digitale unico nel suo genere, è il momento di iniziare la procedura di conio in un token non fungibile

Il primo passo è identificare la tecnologia blockchain che si desidera utilizzare per la propria NFT

Ethereum è il più apprezzato

criptovaluta tra artisti e produttori NFT (CRYPTO: ETH)

Cosmos, Tezos, Polkadot e Binance Smart Chain sono altre importanti criptovalute

4.3 Scorta di Ether

Avere una scorta di Ether a portata di mano

Dopo la selezione del vostro bene digitale, il passo successivo è quello di ottenere un po' di Ether

Supponiamo per semplificare che userai Ethereum per creare i tuoi NFT, ma ci sono una varietà di blockchain tra cui puoi scegliere

Questo è il più usato, ed è supportato dalla maggior parte dei mercati NFT più importanti

Potrebbe essere necessario spendere soldi per coniare un NFT

Di conseguenza, vorrete un portafoglio Ethereum con alcuni Ethers (i fondi basati su Ethereum)

"MetaMask" è una delle più semplici da utilizzare tra le opzioni disponibili

Il tuo smartphone Android o iPhone può essere dotato dell'applicazione, che è completamente gratuita

Il prezzo al quale si chiede di creare l'NFT è abbastanza variabile

Assicurati di avere almeno 100$ di Ether, ma tieni presente che la procedura di conio potrebbe costarti molto di più, a seconda del prezzo operativo giornaliero della criptovaluta

Se vuoi coniare l'NFT su OpenSea, tuttavia, la procedura è completamente gratuita a causa del tipo di token che il sistema genererà; tuttavia, dovrai ancora collegare il tuo portafoglio per stabilire un conto

4.4 Crea un conto usando il tuo portafoglio digitale (wallet)

Se non hai ancora un portafoglio di pagamento digitale, dovrai crearne uno per finanziare la creazione del tuo NFT, dato che avrai bisogno di bitcoin per finanziare il tuo primo investimento

Sarai in grado di accedere ai tuoi beni digitali attraverso l'uso del portafoglio

Metamask, Trust Wallet, AlphaWallet, Math wallet e Coinbase Wallet sono i migliori portafogli NFT disponibili

Dopo aver creato il tuo portafoglio digitale, vorrai uscire e acquistare alcuni bitcoin

La criptovaluta Ether, utilizzata dalla piattaforma blockchain Ethereum, è accettata dalla maggior parte dei siti NFT

Se hai già criptovalute in un altro portafoglio, vorrai collegarle al tuo portafoglio digitale in modo da poterle usare per fare e scambiare NFT

Se attualmente non hai criptovalute, vorrai collegarle il prima possibile

4.5 Selezionare il mercato NFT

Seleziona il tuo mercato NFT preferito

Quando hai un portafoglio digitale e una piccola quantità di bitcoin, è il momento di iniziare a generare (e, forse, vendere) il tuo token NFT

Un mercato NFT sarà richiesto per completare la sua transazione in questo modo

OpenSea, Axie Marketplace, Larva Labs/CryptoPunks, NBA Biggest Shot Marketplace, Rarible, Mintable, SuperRare, Foundation, Nifty Gateway e Theta Drop sono solo alcuni dei principali marketplace NFT

Dovrai fare una ricerca approfondita su ogni mercato NFT per scegliere una piattaforma che sia adatta al tuo business

Gli esempi includono Axie Marketplace, che serve come vetrina online per il popolare gioco NFT Axie Infinity

D'altra parte, NBA Top Shot è un mercato focalizzato solo sul basket

È anche fondamentale sapere che i mercati specifici hanno il loro denaro che deve essere usato sulla loro piattaforma

Rarible, per esempio, richiede l'uso di Rarible (CRYPTO: RARI)

OpenSea è una posizione eccellente per iniziare la maggior parte delle volte

Vi permette di coniare il vostro NFT, ed è il leader del mercato nella distribuzione di NFT

Nel solo agosto 2021, il mercato degli NFT ha venduto NFT per un valore di 4 miliardi

Sarà necessario collegare il suo mercato NFT al suo portafoglio digitale quando ne avrà scelto uno

Questo vi permetterà di pagare i costi necessari per coniare il vostro NFT e mantenere i ricavi delle vendite in vostro possesso

Seleziona un market place

Dopo aver completato il tuo setup, dovrai scegliere un mercato dove effettivamente (virtualmente?) costruire e poi elencare la tua ritrovata ricchezza (NFT)

I più popolari sono Mintable, Rarible e OpenSea, per citarne alcuni.

Per il bene di questa sezione, useremo l'ultima opzione dato che è gratuito registrarsi, e non c'è alcuna restrizione sul materiale che può essere elencato

Questo implica che non hai bisogno di essere autorizzato come artista per vendere il tuo lavoro sul sito

Tuttavia, questo significa anche che il mercato trabocca di gingilli digitali che nessuno userà mai o acquisterà

Su OpenSea, scegli "Il mio profilo" dal menu a tendina sotto l'icona dell'utente

In questa schermata, puoi decidere come vuoi collegare il tuo portafoglio Ethereum per continuare

Collegare MetaMask alla piattaforma è semplice come cliccare su WalletConnect dopo aver scelto "Use a different wallet

" Se stai usando un altro portafoglio, puoi collegarlo alla piattaforma selezionando "Use a different Wallet" e poi cliccando su WalletConnect

Nella maggior parte dei casi, il metodo non è complicato

Proceda come indicato dalla piattaforma prima di confermare l'azione Wallet Connect tramite la sua applicazione MetaMask

4.6 Salvataggio del file

Salva il tuo file sul tuo computer

Sei finalmente arrivato al punto in cui puoi coniare il tuo NFT

Un tutorial passo dopo passo per presentare il tuo file digitale al tuo mercato NFT selezionato dovrebbe essere disponibile sul loro sito web

Utilizzando questa tecnica, sarete in grado di convertire il vostro file digitale (un MP3, PNG, GIF, o un altro tipo di file) in un NFT che è pronto per essere venduto

4.7 la descrizione del tuo nft

Si consiglia di includere una descrizione del tuo NFT per venderlo

Aggiungere una descrizione e un titolo al tuo annuncio è ora disponibile per te

Prendetevi un po' di tempo per pensare a questo per aumentare la probabilità che la vostra NFT venda bene

Dopo di che, ti verrà chiesto di decidere quale proporzione di royalties vorresti ricevere da qualsiasi vendita futura della tua opera d'arte

Aumentare la tua percentuale di vendite ti farà guadagnare più soldi a lungo termine, ma così facendo scoraggerà gli altri dal rivendere il tuo lavoro in primo luogo in quanto sarà meno probabile che guadagnino un profitto per se stessi come risultato di farlo

Infine, c'è una casella opzionale dove puoi inserire le caratteristiche del tuo file

Avrai praticamente finito dopo aver completato questo compito

4.8 profitti

Quindi, avete prodotto un NFT e l'avete pubblicato con successo sul mercato di OpenSea

Qual è il prossimo passo? Cosa dovrei fare adesso? Aspettare che qualcuno noti il tuo prezioso gettone non ti porterà molto lontano in questo gioco

A meno che tu non abbia già un gruppo di persone che potrebbero essere entusiaste del tuo lavoro, dovrai vendere la cosa da solo

Questo è l'aspetto più impegnativo del processo, e non ha niente a che fare con lo sforzo creativo stesso

Sì, è brutale e pignolo come il mondo dell'arte reale in cui esiste

Non è una buona idea, a meno che tu non sia il protagonista di un meme o di altri fenomeni online

Se questo è il caso, congratulazioni: avete la maggior parte

probabilmente ha scoperto un metodo per monetizzare quella foto orribile che gli altri hanno sempre usato per prendersi gioco di te

4.9 la procedura di vendita in dettaglio

Stabilire la procedura di vendita

Per completare il processo di conio degli NFT, devi determinare come commercializzare i tuoi token non fungibili (NFT)

A seconda del sistema, potete fare quanto segue:

Vendilo a un prezzo predeterminato:

Stabilendo un prezzo fisso per il tuo NFT, lascerai che il primo individuo interessato a soddisfare quel prezzo lo acquisti

Un'asta a tempo fornirà alle persone interessate al tuo NFT una certa quantità di tempo in cui piazzare la loro offerta finale per l'articolo in questione

Iniziare un'asta con un numero infinito di offerenti: Un'asta pubblica è un'asta in cui non ci sono restrizioni di tempo

Invece, avete l'autorità di fermare l'asta in qualsiasi momento

Dovrai decidere un prezzo di partenza (se stai tenendo un'asta), il numero di royalties che otterrai se il tuo NFT viene rivenduto sul mercato secondario, e per quanto tempo condurrai l'asta (se a tempo)

È importante tenere a mente le tasse mentre si determina il prezzo minimo, poiché se si imposta il prezzo troppo basso, si potrebbe perdere denaro sulla vendita NFT

Sfortunatamente, le spese associate al conio e alla vendita di un NFT possono essere proibitive e complicate

Potresti dover pagare un costo di quotazione, un costo di conio NFT, un premio sulla vendita e una tassa di transazione per spostare il denaro dal portafoglio dell'acquirente al tuo, a seconda della piattaforma e del prezzo

Le tariffe potrebbero anche cambiare a causa della volatilità del valore delle criptovalute

Di conseguenza, è fondamentale considerare attentamente le spese associate al conio e alla vendita dei tuoi NFT per assicurarsi che siano utili a lungo termine prima di procedere

Fare NFT può essere un'impresa finanziariamente gratificante

Man mano che gli NFT diventano più popolari, i prezzi a cui vengono venduti aumentano

Di conseguenza, coloro che sviluppano le NFT hanno la possibilità di guadagnare molto denaro

In realtà, dati gli alti costi di conio e commercializzazione dei NFT, difficilmente tutti venderanno, e tanto meno genereranno entrate per i loro creatori

A causa delle spese, dovete pianificare la possibilità di incorrere in una perdita finanziaria a causa della vostra produzione NFT

Assicurati di vendere un NFT che altri troverebbero utile e di stabilire un valore minimo che copra più che bene qualsiasi costo relativo se vuoi evitare una perdita

Seguire le istruzioni fornite dalla piattaforma NFT

Per generare un token non fungibile su un mercato NFT, gli autori devono seguire particolari procedure che sono esclusive di quel mercato

Prima di tutto, il mercato spesso richiede agli utenti di presentare un file che vogliono essere convertito in un NFT, insieme a un titolo e una breve descrizione

In termini di attrazione dei collezionisti e di ottimizzazione della loro opportunità di vendere le loro invenzioni, gli utenti della piattaforma NFT dovrebbero passare un po' di tempo a compilare le specifiche dei loro token non fungibili e perfezionarle prima di lanciare le loro campagne

Dopo il caricamento dell'oggetto digitale, gli utenti dovranno scegliere se coniare un token o un gruppo di biglietti da esso

In secondo luogo, quando si vendono NFT, sono disponibili due alternative: un prezzo predeterminato o un'asta

Una vendita a prezzo fisso è quando i clienti selezionano un prezzo al quale desiderano scambiare il NFT in questione, ed è abbastanza semplice e inequivocabile

Usare le aste per vendere le invenzioni NFT è un altro metodo affascinante

Nella maggior parte dei mercati NFT, ci sono due tipi di aste offerte ai partecipanti

La prima asta è un'asta inglese, un processo di offerta in cui il miglior offerente vince dopo l'asta

Il termine "asta a tempo" si riferisce a un'asta inglese in cui ogni lotto può essere offerto in un periodo predeterminato

Dopo di che, il collezionista con l'offerta migliore vince e acquista una transazione non finanziaria (NFT)

Il secondo tipo di asta è un'asta olandese, detta anche asta riduttiva, in cui il costo di un NFT diminuisce finché qualcuno non lo compra dal banditore

Aumentare il numero di NFT

Gli utenti possono decidere se pubblicizzare o meno la loro invenzione NFT appena coniata in modo aggressivo

Lo sviluppo di una NFT dipenderà dalle caratteristiche della NFT dell'utente

I seguenti sono alcuni fondamenti a cui gli artisti dovrebbero prestare attenzione: conoscere il loro pubblico, sviluppare un approccio pratico di marketing, ecc.

Quando si tratta di commercializzare la vostra collezione NFT, uno degli approcci più efficaci è la consapevolezza del marchio, che si riferisce alla costruzione di una buona reputazione diffondendo notizie positive su di voi e sulla vostra collezione NFT

Inoltre, potrebbe essere commercializzato attraverso la pubblicità su internet, come la pubblicazione in pubblicazioni specializzate e apparizioni su podcast di criptovalute e marketing sui social media.

Dal momento che i membri possono accedere alle connessioni alle loro risorse digitali e ai social media del mercato NFT, avrebbe senso per i creatori fare appello alla più grande folla possibile se stanno cercando i collezionisti più accaniti

Usare i social media per raggiungere un grande pubblico potrebbe essere molto vantaggioso per i creatori

Gli utenti possono creare profili personali su piattaforme di social media come Twitter, Telegram e Discord per pubblicizzare le loro NFT, costruire una reputazione e aumentare la consapevolezza del pubblico

Twitter, Telegram e Discord hanno già sviluppato canali di comunicazione per la comunità crypto

Come risultato, possono incontrare alcune persone e artisti influenti con cui potrebbero collaborare e giornalisti di pubblicazioni importanti interessati a scrivere su di loro e sulla loro collezione NFT

Coltivare una comunità dedicata di creatori di NFT può essere essenziale per il marketing dei loro prodotti, poiché questi individui li sosterranno costantemente, passeranno il messaggio su di loro, investiranno in loro e acquisteranno prontamente le loro creazioni NFT

Come monetizzare e andare in profitto con il tuo NFT?

Le persone stanno diventando ricche grazie al mercato NFT

Da Beeple's La vendita di 69 milioni di dollari delle sue opere d'arte, Everdays, alla semplice rotazione di oggetti da collezione, la monetizzazione di beni non finanziari è tutta una questione di mettere al lavoro le tue opportunità di investimento e permettere alla tecnologia di aiutarti a far crescere la tua ricchezza finanziaria

Inoltre, con l'industria NFT che cresce più velocemente del 18.000 per cento in soli 12 mesi, le possibilità di monetizzazione stanno diventando sempre più numerose

Grazie alle NFT, puoi trasformare la tua arte, la musica, la fotografia e persino la tua durata in denaro attuando la strategia appropriata

Alcuni degli strumenti e delle migliori pratiche di entrate NFT per i creatori di NFT saranno discussi di seguito, così come alcuni metodi un po' più non convenzionali che non dovrebbero essere esclusi

5.1 Pittura digitale e creazione di oggetti da collezione

Creare belle opere di pittura digitale e oggetti da collezione che la gente vuole possedere

Uno dei metodi più evidenti ma testati nel tempo per guadagnare entrate dalle organizzazioni senza scopo di lucro è quello di iniziare a creare opere d'arte che la gente è interessata ad acquistare con piattaforme come OpenSea generando e oltre due milioni di vendite al mese, trovare uno spettatore per le vostre fotografie, pittura, animazioni, schizzi digitali o video è ora più facile che mai b Le aziende stanno bussando alla porta di artisti come Fewocious 'a collaborare con loro

Sono passati dal disegnare in classe e sul loro iPad a diventare multimilionari

La monetizzazione non finanziaria qui comporta semplicemente la creazione di arte che altri sono sicuri di investire in

I primi utilizzatori dell'opera d'arte di Fewocious hanno riconosciuto il potenziale nel suo lavoro, e ora si rendono conto delle ricompense del loro investimento

Allo stesso modo, gli investitori di NFT sono interessati a collaborare con altri artisti

Tuttavia, mentre l'attrazione dell'arte e degli oggetti da collezione è altamente soggettiva, ci sono alcune caratteristiche che tutti i creatori influenti di NFT hanno in comune

5.2 crea "scarsità"

Per cominciare, non si lasciano andare a sforzi creativi eccessivi

Coniando esclusivamente arte NFT veramente eccezionale, puoi garantire che il tuo seguito ti colleghi a opere d'arte NFT di alta qualità

Questa carenza dovrebbe tradursi in cicli di produzione ristretti, limitando la quantità di prodotto disponibile

Per sentirsi come se avessero scoperto la prossima grande cosa, gli investitori devono credere di avere

Se la vostra fornitura limitata ammonta a migliaia di unità, saranno meno inclini a comprare da voi

Invece, mantieni le tue corse NFT limitate, con solo una piccola quantità di denaro coniato

Inoltre, si può generare una falsa rarità valutando varietà diverse di un NFT in modi diversi

Gli investitori capiranno meglio il loro investimento se i livelli sono descritti in termini di rarità, che vanno dall'ordinario all'eccezionale all'ultra-raro

5.3 Renditi facilmente Riconoscibile sul mercato

Mantenere un focus su uno o due canali è anche essenziale

Gli abbonati sono interessati a sapere dove possono trovare il tuo lavoro

Per esempio, coniando ed esponendo esclusivamente opere d'arte su una piattaforma come OpenSea, non solo aumenterai le tue probabilità con l'algoritmo della piattaforma - che metterà

il tuo lavoro di fronte ad altrettante persone - ma vedrai anche
più traffico inviato verso di te da altri siti web e social media

5.4 Pubblicizza e rendi visibile il tuo lavoro

Rendere il tuo lavoro più visibile

È inutile lavorare al prossimo capolavoro di NFT e tenerlo
segreto al resto del mondo

Usate le vostre reti di social media per indirizzare i
consumatori verso le vostre piattaforme preferite e iniziare le
transazioni

È fondamentale assicurarsi che i tuoi post abbiano i tag
appropriati

I professionisti dell'investimento utilizzano abitualmente
hashtag come #nftcollectors e semplicemente #nfts per trovare
arte e oggetti da collezione nuovi ed emergenti

Inoltre, si può utilizzare un sito come Lazy

com per esporre il suo lavoro, che le permetterà di collegarsi in
modo rapido ed efficiente a un portfolio delle sue NFT

Gli indirizzi di queste carte possono essere correlati agli
indirizzi dei portafogli per effettuare transazioni

5.5 come Raccogliere i pagamenti delle royalty NFT

Le opere d'arte tradizionali sono create per capire che dopo che
l'oggetto è stato ordinato e la transazione è stata completata,
l'artista rinuncia effettivamente a tutti i diritti di proprietà
dell'opera

Tutto questo è diverso con le NFT

Gli artisti possono vendere un'opera e continuare a ricevere royalties dalle vendite successive in perpetuo

Questo implica che anche se il NFT ha cambiato proprietà numerose volte nel corso di cinque o dieci anni, l'artista originale potrà ancora beneficiare della sua opera d'arte

Anche se la proprietà è stata abbandonata, i NFT permettono comunque agli artisti di trarre profitto da un aumento del valore delle loro opere

Per mantenere una traccia persistente e immutabile di tutte le finanze e la proprietà, la tecnologia blockchain deve essere utilizzata

Le royalties sono qualcosa di cui l'artista può beneficiare durante tutto il NFT

Tuttavia, sono anche automatizzati, quindi non c'è il rischio che vengano assegnati in modo errato, come il business della musica nell'industria cinematografica

Con piattaforme come OpenSea e Rarible, un piano di royalty è generalmente un'opzione opt-in, che permette di ricevere una percentuale personalizzabile di kickback, fino al 10%.

Le royalties sono poi date all'autore originale dalle piattaforme una volta al mese, e possono essere recuperate in quel momento

Consideriamo il seguente scenario: uno sviluppatore di NFT conia una serie di dieci oggetti da collezione con una royalty del 10% che guadagna rapidamente appeal nella comunità degli investitori

Ogni NFT è stato inizialmente venduto per 0.5 ETH nella prima asta

Il valore degli NFT aumenta con il tempo, e uno degli oggetti da collezione viene ora venduto per 3 ETH

Questo equivale a 0.3 ETH restituiti all'originatore

Lo stesso articolo viene venduto a 5 ETH sullo stesso sito sei mesi dopo

L'investitore guadagna una royalty del 10% per 0.5 ETH, che è la seconda volta che il creatore ha ricevuto una royalty

Senza royalty, gli artisti avrebbero guadagnato un unico pagamento di 0

5 PF, che sarebbero stati insufficienti a coprire le spese

A causa dell'implementazione della struttura delle royalties, la monetizzazione di NFT può generare entrate continue e sostenute dai lavori precedenti

5.6 il flipping di Nft

Il flipping delle tue attività è anche un'eccellente tecnica per monetizzare le NFT se hai più soldi di quelli che puoi usare per sviluppare

Se tieni d'occhio la seguente vasta collezione, potresti decuplicare i tuoi guadagni in poco tempo

Collezioni di esemplari come Pudgy Penguins, che comprendono 8.888

diversi gettoni di carattere pinguino, hanno assistito a significativi aumenti di valore in pochi mesi

Diversi gettoni che inizialmente valgono 0

1 Eth vale ora dieci volte tanto, con altri guadagni previsti in futuro

Identificare il popolare nel mercato NFT è più arte che scienza e richiede pratica

Il processo include una certa quantità di speculazione, qualche salto di fede, e una comprensione di ciò che distingue gli NFT da altri tipi di strumenti finanziari

In particolare, la scarsità e tutto ciò che ha il potenziale per diventare di moda

La chiave è essere impegnati nel gruppo NFT, continuare a leggere, parlare e navigare nei mercati

I CryptoPunk sono stati distribuiti gratuitamente alle prime 10.000 persone che si sono iscritte

Alcuni di quei cretini ora valgono più di 11 milioni di dollari, rendendo gli individui che hanno approfittato della situazione enormemente ricchi

Una tecnica consolidata è quella di acquistare NFT in volume dai mercati online e poi pubblicizzarli separatamente sulla piattaforma

Tuttavia, anche se richiede più tempo, fare questo processo regolarmente potrebbe portare a guadagni significativi

I pacchi LAND di Decentraland, per esempio, sono spesso venduti in gruppo su siti di aste online

Riclassificando questi lotti e vendendoli separatamente si otterrà di solito una transazione redditizia

5.7 Cos'è la "Non-Linear Fractional Function"

L'arte di frazionare un NFT di valore e di permettere alla sua popolarità e al suo interesse di aumentare il suo valore è un metodo moderno di monetizzare un NFT di valore

Quando si frazionano gli NFT, li si divide efficacemente in parti che possono essere utilizzate per varie applicazioni DeFi sotto forma di ERC-20 gettoni

Come conseguenza di questa proprietà divisa, è possibile per numerose parti possedere un singolo NFT, con conseguente aumento della liquidità sul mercato

Questa è un'opzione molto redditizia per creare o possedere un'organizzazione non profit

L'esempio più noto di frazionamento NFT è attualmente il meme Doge originale, che è stato messo all'asta come NFT per 4 milioni di dollari nel giugno 2021, rendendolo il più prezioso NFT mai venduto

Il proprietario dell'NFT, PleasrDAO, ha deciso di dividere l'NFT in milioni di token, permettendo a tutti di diventare comproprietari della criptovaluta

Il prezzo dell'NFT è salito alle stelle fino a 45 milioni di dollari all'asta inaugurale, e il progetto totale vale attualmente più di 302 milioni di dollari

Possedere la parte del leone dei token ERC-20 e assistere allo sviluppo del loro valore si è dimostrato molto vantaggioso per PleasrDAO

5.8 Cosa sono i
"Non-Fielding Tools"

Un esempio di uno dei metodi più inventivi per monetizzare NFT è attraverso il gioco Axie Infinity

Il gioco ha generato 364 milioni di dollari di vendite nel solo agosto 2021, un aumento dell'85% rispetto al mese precedente, mostrando una crescita notevole

Ottenere Axie NFT e poi prestare denaro a persone che ripagheranno il proprietario in gettoni noti come pozioni d'amore lisce è un metodo per generare reddito da Axie NFT (SLP)

Le Axies, come i Pokemon, differiscono in termini di potenza e tratti

Per iniziare, avrete bisogno di un gruppo di tre persone, e alcuni partecipanti non saranno in grado di mettere i fondi necessari

Di conseguenza, sia l'atleta che il proprietario di Axie NFT hanno da guadagnare partecipando al programma di borse di studio Axie

Essenzialmente, un "borsista" Axie è un giocatore affittato a un club da un gestore di borse di studio in cambio di guadagnare SLP per loro conto.

I guadagni sono stabiliti in anticipo, per esempio, una divisione 50/50, una divisione 60/40, e così via

I token SLP possono poi essere scambiati su scambi e mercati per denaro fiat, o possono essere conservati in un portafoglio digitale e venduti quando il valore dei token aumenta

Non solo lo scenario beneficia il giocatore e il proprietario, ma aiuta anche l'intera comunità

Come conseguenza del programma di borse di studio, la popolarità del gioco continua a crescere, con un conseguente aumento del prezzo SLP

I principali
Market-place di NFT

Vedrete che i mercati NFT sono un elemento vitale
dell'affascinante nuova tendenza dei NFT, di cui potete leggere
di più qui

I mercati NFT hanno reso più semplice e più flessibile l'accesso
ai NFT per le persone e allo stesso tempo hanno affrontato le
difficoltà di lunga data con i flussi di reddito per gli autori

Tuttavia, il dibattito sui mercati delle transazioni non
finanziarie alla fine si riduce a un argomento

Gli artisti e gli acquirenti di NFT cercheranno senza dubbio
soluzioni alla domanda "qual è il più grande mercato di NFT?"
per massimizzare il valore delle loro creazioni

Anche se questi siti e altri ospitano centinaia di costruttori e
collezionisti di NFT, assicuratevi che il luogo sia corretto prima
di acquistare

Alcuni artisti sono caduti preda di cosplayer che hanno
pubblicizzato e commercializzato il loro lavoro senza il loro
consenso

Soprattutto, la rapida espansione di vari mercati di transazioni
non finanziarie (NFT) è una fonte significativa di
preoccupazione

In questa situazione, uno schizzochiaro di alcuni dei mercati NFT più noti, insieme a una spiegazione dettagliata, può essere utile

Ecco una lista di alcuni dei mercati NFT più conosciuti che possono esserti utili mentre esplori nuovi territori nel mondo NFT

6.1 Open Sea

Secondo gli attuali standard dell'industria, OpenSea non è solo il mercato NFT più significativo, ma è anche il più grande dei mercati NFT nel mondo

Offre una vasta gamma di tipi di gettoni non fungibili, compresa l'arte,

mondi virtuali, nomi di dominio resistenti alla censura, souvenir, sport e trading cards, tra le altre cose

Questo mercato peer-to-peer si presenta come un fornitore di "oggetti digitali rari e da collezione" Tutto quello che devi fare è creare un account per esplorare le collezioni NFT per iniziare

Puoi anche ordinare le opere in base al volume delle vendite per trovare nuovi artisti

OpenSea integra i beni con gli standard crittografici ERC1155 e ERC721 sono degni di nota

Acquistare, vendere e scoprire asset digitali unici come Axies, Decentraland, CryptoKitties (così come i nomi ENS) e altri asset digitali utilizzando questa piattaforma

Oltre 700 progetti di tutti i tipi, tra cui giochi di carte collezionabili, progetti di arte digitale, sistemi di nomi come l'Ethereum Name Service (ENS), e giochi da collezione, sono mostrati su OpenSea

La funzione di item mining su OpenSea è anche una delle caratteristiche più notevoli del marketplace come piattaforma di trading non tradizionale

I designer possono costruire le loro cose e stabilire la loro collezione NFT usando lo strumento di conio

Coloro che progettano i loro contratti intelligenti per collezionismo digitale o giochi troveranno OpenSea il mercato ideale per loro

6.2 Nifty Gateway

Nifty Gateway è il candidato più probabile per rispondere alla domanda: "Qual è il più grande mercato NFT? " È senza dubbio uno dei più rispettabili mercati NFT di fascia alta per il commercio di opere di criptoarte

La collaborazione di Nifty Gateway con i principali produttori, aziende, atleti e artisti è vantaggiosa per l'azienda

Per essere più specifici, la cooperazione offre ai collezionisti di criptoarte l'opportunità di acquisire solo pezzi unici di opere d'arte

D'altra parte, è piuttosto difficile ottenere l'approvazione sul Nifty Gateway quando si tratta di mercati di cripto arte

Di conseguenza, artisti di spicco, corporazioni e creatori di celebrità possono avere accesso a questa piattaforma online

I tre principali metodi d'asta sono

Nifty Gateway fornisce anche le royalties poiché gli artisti possono scegliere la proporzione di vendite secondarie

Come principale piattaforma di transazioni non finanziarie, accetta carte di debito, carte di credito e pagamenti in ether (ETH)

6.3 super Rare

Il mercato NFT SuperRare è ancora un altro intrigante mercato NFT che viene in mente mentre si pensa alle alternative più accettabili

Il sito web è principalmente focalizzato sul funzionamento come un mercato dove gli utenti possono scambiare pezzi unici di arte digitale che sono stati prodotti in quantità limitate

Un artista che è membro della rete SuperRare crea opere d'arte originali

La piattaforma tokenizza il dipinto e lo rende disponibile come un bene cripto o da collezione, posseduto e scambiato come qualsiasi altro bene

Molti professionisti del settore lodano SuperRare per aver introdotto un nuovo approccio alla connessione online con la cultura, l'arte e il collezionismo, diverso da qualsiasi altra cosa disponibile

L'emergere di un social network durante il mercato di SuperRare è l'aspetto più notevole del gioco

Poiché i beni digitali da collezione sono accoppiati con una documentazione di proprietà visibile, possono essere appropriati per l'uso in un contesto sociale

SuperRare è adatto agli artisti principianti con un'attitudine naturale all'invenzione e all'inventiva

È compatibile con Ether, che è la moneta nativa della blockchain Ethereum

6.4 Raribile

Sarebbe impossibile avere un dibattito sul principale mercato NFT senza menzionare la parola Rarible

È una piattaforma NFT fondamentale e facile da usare con poche barriere all'ingresso per gli artisti che cercano di affermarsi

Di conseguenza, le persone che si stanno appena bagnando i piedi nel mondo dell'NFT possono trovare Rarible abbastanza vantaggioso

Come OpenSea, Rarible è un mercato democratico e aperto che permette ad artisti e produttori di emettere e vendere NFT

I token RARI creati sulla piattaforma permettono ai possessori di votare sulle caratteristiche come le accuse e le regole della comunità

Nonostante questo, l'esperienza dell'utente è in qualche modo ostacolata da un layout confuso, contribuendo all'impressione generale negativa

L'aspetto più intrigante di Rarible è che ha la sua criptovaluta, RARI

RARI è uno strumento prezioso per premiare gli utenti impegnati sulla piattaforma

La blockchain di Ethereum carica 2

5 per cento di commissioni di transazione su ogni vendita

Accetta una varietà di criptovalute, tra cui WITH, ATRI e DAI, oltre a RARI e ETH

Inoltre, Rarible è un affidabile mercato di transazioni non finanziarie (NFT) per le royalties, poiché gli artisti possono scegliere la percentuale di guadagno che desiderano ricevere dalle vendite secondarie

6.5 Foundation

Foundation è uno dei più significativi nuovi arrivati nei mercati NFT che ha raccolto titoli nelle ultime settimane e mesi

È emerso come la piattaforma di transazioni non finanziarie più affidabile per molti creatori di cripto arte

La capacità di creare collezioni curate dai membri della comunità è una caratteristica distintiva della Fondazione

I creatori e i collezionisti possono incoraggiare i giovani artisti ad aderire alla Fondazione attraverso un approccio collaborativo

Qui, i creatori devono guadagnare "upvotes" o invitare altri creatori a condividere i loro dipinti

L'esclusività della comunità e le spese di ingresso degli artisti devono anche acquisire "gas" per coniare le NFT, il che significa che può presentare opere d'arte di più alto calibro.

Per esempio, l'inventore di Nyan Cat Chris Torres ha venduto il NFT sulla piattaforma Foundation

Può anche implicare prezzi più alti - non del tutto una cosa negativa per i collezionisti e gli artisti che cercano di trarre profitto se il mercato degli NFT continua ai livelli attuali o addirittura cresce nel tempo

Di conseguenza, i creatori avranno facile accesso alla funzione "Creator Invites" dopo aver venduto il loro primo NFT

La fondazione è una buona opzione per ogni artista che può creare un marchio e distinguersi come una creazione unica

Accetta pagamenti in Ether e promette di fornire una nuova funzionalità che garantirà presto una royalty del 10% su tutte le vendite secondarie

6.6 Cargo

Molti concorrenti eccellenti non vengono scoperti tra i giocatori forti che possono essere trovati come l'opzione più accettabile per un mercato NFT e sono così trascurati

Cargo è un esempio di inclusione in questa lista che sarebbe un

ottima scelta per qualsiasi nuovo arrivato nell'area NFT

Accetta pagamenti in criptovaluta Ether e permette a chiunque di applicare

L'aspetto più evidente di Cargo è che non include alcuna asta per i metalli non ferrosi

Le selezioni dei prezzi sono interamente a discrezione degli artisti

Rende anche possibile utilizzare la funzione 'Split Royalties', che aggiunge fino a 15 diversi indirizzi di portafoglio Ethereum

La risposta alla domanda "Qual è il più grande mercato NFT?" potrebbe anche portarvi a Cargo, che è un mercato semplice da usare

I creatori di NFT possono beneficiare di tecniche affidabili e convenienti per iniziare il commercio e l'estrazione di NFT

La funzione "Magic Minting" di Cargo aiuta anche a evitare i supplementi per la benzina, dimostrando l'utilità di questa funzione in termini di efficacia dei costi.

6.7 Myth Market

Anche se non c'è molto da dire su Myth Market, è essenziale notare che non è un singolo mercato NFT

Myth Market è una collezione di mercati online che sono sia versi che semplici da usare e gestire

Il Mercato dei Miti ha ora numerosi punti salienti significativi, come GPK Market, Heroes Market, Shatner Market, Pepe Market e KOGS Market, solo per citarne alcuni

Ognuno dei mercati elencati si distingue per i marchi da collezione rappresentati, per esempio, il GPK

Il mercato ti permette di scambiare le carte Garbage Pail Kids con altre persone

Di conseguenza, è facile vedere che Myth Market fornisce un quadro realistico del potenziale dei mercati non tradizionali in futuro

6.8 Mintable

Mintable sarebbe stata un'aggiunta necessaria alla lista dei mercati NFT per il 2021

Svolge la funzione di un completo mercato NFT, permettendo agli utenti di scambiare quasi tutto, dall'arte alla musica, alla roba dei videogiochi, ai tesori rari.

Uno degli aspetti più promettenti di Mintable è l'opzione di conio senza gas, che è anche disponibile

Basata sulla blockchain di Ethereum, questa piattaforma d'asta accetta solo pagamenti Ethereum e offre tre diverse aste

Un'asta a tempo, un'asta Buy It Now e un'asta tradizionale sono tra i tipi disponibili

L'opzione delle royalties permette ai creatori

ricevere una percentuale del 5% di tutte le vendite secondarie se scelgono di farlo attraverso questo metodo

Mintable è senza dubbio la piattaforma più consigliata per chiunque sia interessato agli NFT, in particolare per i principianti

6.9 Enjin

Il termine "Enjin Marketplace" è spesso usato per riferirsi al miglior marketplace NFT, ed è ben noto in molti circoli

Ha il potenziale per facilitare l'esplorazione e lo scambio di asset della blockchain

Enjin Marketplace, in particolare, è la migliore opzione per le transazioni non finanziarie basate su Enjin

Finora, ha registrato la spesa in monete Enjin per acquisti digitali per un totale di oltre 43 dollari

8 milioni di valore delle monete Enjin

Secondo alcune stime, ci sono circa 2

1 miliardo di NFT a livello globale

Il Portafoglio Enjin rende semplice elencare e acquistare oggetti da collezione e materie prime di gioco ed effettuare pagamenti

I progetti blockchain basati su Enjin possono essere trovati nella scheda "Progetti", accessibile ai creatori

I progetti potrebbero includere oggetti da collezione sostenuti dalla comunità, raccolta di oggetti di gioco e schemi di incentivi gamificati, tra le altre cose

Di conseguenza, se scegli Enjin Marketplace come tuo mercato NFT preferito, avrai un tempo più facile per trovare prospettive perfette

6.10 Known Origin

L'ultima aggiunta in questa lista di mercati NFT, KnownOrigin, è una piattaforma specializzata in cripto arte non inclusa nella lista precedente

Presenta ai creatori un livello medio-alto di difficoltà nel far approvare il loro lavoro nel sito

Al contrario, l'accettazione in KnownOrigin non ha bisogno che gli autori abbiano un pubblico significativo o che siano riconosciuti come artisti affermati

Quando si tratta di promuovere artisti, la funzione "Trending" di KnownOrigin è un metodo promettente che può essere utilizzato

Un vantaggio di questa caratteristica è che aiuta a visualizzare l'identità e lo sforzo dei creatori nell'ambiente KnownOrigin

Tuttavia, gli artisti con un portafoglio di lavoro distinto e genuino sono favoriti su KnownOrigin, indiscutibilmente una piattaforma NFT top per i nuovi arrivati

Le royalties per i creatori nella somma di 12

Il 5% delle vendite secondarie sono pagate a loro

Infine, scegliere il mercato NFT più significativo tra le varie possibilità elencate in questa sezione è difficile

Ogni singola inclusione nella lista può soddisfare le esigenze di una varietà di gruppi target distinti

Quando si tratta di tradurre il loro lavoro in NFT, i nuovi artisti e gli artisti ben accettati hanno gusti molto diversi in termini di formato

Inoltre, ci sono differenze nelle preoccupazioni per le royalties e le spese legate alle transazioni non finanziarie (NFT) sui mercati

Potresti scegliere il miglior mercato se hai una chiara comprensione del concetto di mercati NFT e le istruzioni su come funzionano

Identifica le tue opzioni migliori tra i più favolosi mercati NFT e scopri cosa dovresti fare adesso!

"Immobiliare digitale"
o
"Real Estate Virtuale"

Capiamo quello che stai pensando, e siamo d'accordo

Chi, nel suo giusto stato d'animo, vorrebbe investire in beni immobili virtuali? Per essere molto onesti, un gran numero di individui sono entusiasti di acquisire il loro pezzo di proprietà immobiliare NFT

Secondo l'azienda, coloro che sono interessati ai beni immobili NFT includono collezionisti, giocatori, investitori e persino corporazioni giganti

Il potenziale che ha la terra virtuale è enorme! Per vendere la pizza dal loro sito web, Dominos ha stabilito una sede fisica e ha iniziato ad accettare ordini, e Nike non è lontano

7.1 Che cos'è NFT Real Estate?

La crescita dei beni immobili virtuali è alimentata da un'espansione della sua portata, che è generata da ambienti intriganti dove le persone possono parlare tra loro, fare acquisti, fare soldi e socializzare proprio come farebbero nel mondo reale, secondo la tendenza

Innumerevoli persone stanno diventando consapevoli dell'enorme potenziale di crescita aziendale nel mondo virtuale

Secondo l'Associated Press, questa è un'area dove molte persone stanno cercando investimenti e possibilità di fare soldi

Questa è un'eccellente alternativa al mondo reale

I consumatori stavano già acquistando oggetti virtuali per migliorare la loro esperienza di gioco nei videogiochi

La realtà virtuale permette di impegnarsi con le persone, comprare cose, partecipare ad attività, fare soldi e trovare compagnia

Non è forse quello che tutti desideriamo dal mondo in cui viviamo? Per di più, il mondo virtuale, che è un prodotto dell'immaginazione di designer e artisti di giochi, è una creazione affascinante

Tutto è piacevole, coinvolgente e divertente

E ora vi è stata data la possibilità di possedere una parte di questo incredibile universo

Questa sembra essere una fantastica opportunità per molte persone

Non è una sorpresa che un numero crescente di investitori scelga di investire la propria ricchezza nel nostro paese

Le imprese stanno chiudendo i battenti nel mondo reale, e gli alberghi sono per lo più vuoti

Le persone passano sempre più tempo su internet e le transazioni sono sempre più effettuate online

Allora perché non fare un investimento online?

Nel mercato immobiliare NFT, ci sono diverse opportunità

Secondo un recente rapporto, la terra è costruita e venduta in videogiochi e mondi virtuali

Gli immobili virtuali sembrano fornire un numero quasi illimitato di opzioni

La tecnologia blockchain delle criptovalute è alla base delle transazioni digitali, assicurando che la terra virtuale sia accurata e appartenga al legittimo proprietario

Il pezzo di terra che si possiede è unico e non può essere duplicato

Una volta acquistato un terreno nel mondo digitale, si è liberi di costruirvi qualsiasi cosa si desideri

Puoi costruire un negozio, una casa, un'azienda e una comunità

Poiché sempre più persone visitano questi altri regni, si commercializzerà

Quando il mondo virtuale diventerà più popoloso, i proprietari terrieri saranno in grado di affittare la loro proprietà, venderla e scambiarla con altri token non fungibili (NFT)

NFT Real Estate esiste nel mondo virtuale del metaverso

Gli esperti hanno esaminato il Metaverso per vedere se ha il potenziale per influenzare gli individui, l'educazione e la ricerca

L'industria del gioco ha contribuito all'acquisto di immobili e prodotti digitalizzati

Durante la partecipazione ai videogiochi di realtà virtuale, i giocatori possono acquistare oggetti per migliorare la loro esperienza di gioco, come la terra virtuale, utilizzando denaro reale

È diventato uno strumento prezioso per fare commercio online a causa del valore degli NFT nella valutazione dell'autenticità e della proprietà, che si basa sulla tecnologia blockchain

A causa della capacità della blockchain di permettere transazioni sicure, sembra che non ci sia nulla che possa impedire all'industria del gioco di mettere in vendita prodotti virtuali e immobili virtuali a breve

Al momento, il Metaverso è un'area virtuale condivisa dove gli individui, simboleggiati da avatar digitali, si riuniscono per stabilire comunità, che crescono ed eventualmente costruiscono civiltà

Collegare le tecnologie di realtà virtuale e di realtà aumentata con la transizione del mondo virtuale sembra essere un prossimo passo logico nello sviluppo di questi strumenti

Molte persone stanno diventando consapevoli di questo e si stanno preparando a spostarsi nel metaverso

Mondi virtuali come Decentraland e Cryptovoxels sono ora i più popolari

Entrambi i mondi permettono l'acquisto di appezzamenti di terreno, che chiunque può acquisire per il loro uso futuro

Gli investitori vedono sempre più le imprese di realtà virtuale come investimenti redditizi

Anche il fondo statale, istituito da Republic Real Estate Inc è dedicato

In realtà, mentre facciamo la rivoluzione digitale nel futuro, la maggior parte delle persone trova molto nel mondo virtuale

Sembra che ci sia un potenziale significativo che emerge in questi ambienti virtuali

Molte persone credono che acquistare un terreno e creare una proprietà digitale sia saggio

Secondo

la società, i prezzi dei terreni nel mondo virtuale Cryptovoxels sono saliti da $800 a $3900 nei primi 2-3 mesi del 2021

Questo è un boom enorme, e ci sono diverse possibilità per gli individui di trarre profitto da questo sviluppo

La preoccupazione maggiore è che si perda questo fenomeno

Gli acquirenti si stanno accaparrando i pochi posti, e il mercato secondario sta vivendo un aumento della domanda

Molte persone stanno guadagnando soldi vendendo le loro proprietà a un prezzo più alto di quello che hanno pagato in origine

7.2 come acquistare immobili digitali

Un modo fondamentale di acquistare immobili NFT consiste nel creare un portafoglio di criptovalute e depositare il denaro necessario, quindi accedere a un mercato che fornisce immobili NFT in vendita

Il progetto Decentraland Cryptovoxels è ora aperto al commercio

Per quanto riguarda l'acquisto di terreni virtuali, e nei mondi virtuali, Decentraland e Cryptovoxels sono due delle più famose alternative di terreni virtuali disponibili

Diamo un'occhiata più da vicino a ciascuno di loro individualmente

Decentraland è un ambiente virtuale basato sulla blockchain di Ethereum ed è attualmente in sviluppo

Si potrebbe parlare molto rapidamente di una Cyber Utopia

Le persone vengono a Decentraland per comprare, socializzare, vendere e fornire servizi alla comunità

MANA è il denaro utilizzato in Decentraland, e può essere scambiato con denaro del mondo reale nello stesso modo in cui il bitcoin può essere scambiato con valuta del mondo reale

Mentre non è richiesto di possedere proprietà in Decentraland per visitare, ora è un momento perfetto per eventualmente inseguire un appezzamento di terreno per beneficiare nella vicina

La loro proprietà NFT è stata suddivisa ed è ora disponibile per l'acquisto in pezzi

Ogni lotto di terreno rappresenta un token non fungibile (NFT) sulla blockchain

Questo significa che è unico, immutabile e insostituibile

Questo è analogo ai beni immobili nel mondo reale, tranne che è molto più semplice da ottenere grazie alle NFT e alla tecnologia blockchain

I terreni possono essere acquistati, venduti o affittati da chiunque in questa zona

Per comprare terreni su Decentraland, puoi farlo usando un mercato Ethereum come OpenSea

Otterrete un token di terra con coordinate specifiche per un particolare sito sulla piattaforma

Inoltre, Metamask dovrà acquistare e vendere terreni a Decentraland

Dopo aver acquistato la proprietà, potete affittarla o venderla all'asta al vincitore per un profitto

Può anche utilizzare il suo terreno stabilendo un'attività o costruendo una residenza

La quantità di terra accessibile qui è limitata, proprio come nella vita reale

L'area complessiva consiste di 43689 particelle di proprietà privata, 33886 particelle di distretto, 9438 autostrade e 3588 piazze

Si tratta di un appezzamento di terreno quadrato che misura 16m per 16m

Puoi controllare le tariffe immobiliari attuali sul sito ufficiale di OpenSea o sul Marketplace di Decentraland, ed entrambi sono ospitati su Decentraland

Il mercato ufficiale di Decentraland accetta MANA come forma di pagamento

Tuttavia, si può anche usare Ethereum se si vuole

OpenSea offre la possibilità di acquistare terreni virtuali tutti utilizzando le criptovalute ETH e MANA

Cryptovoxels

La gente pensa che Cryptovoxels sia una combinazione di Facebook e Minecraft e lo preferisce a Decentraland

I pacchetti Cryptovoxel sono anche disponibili per l'acquisto su OpenSea

I pacchetti Cryptovoxel hanno sei diverse dimensioni, e queste misure descrivono la posizione precisa del pezzo di terra all'interno dell'universo Cryptovoxel

Cryptovoxel è un termine che sta lentamente aumentando in uso

Circa l'80% dei terreni che sono stati venduti sono stati creati

Il centro geografico di questo universo - una metropoli conosciuta come Origin city - è una tipica città, completa di strade, imprese e residenze

Per fare una visita, naviga il sito web di Cryptovoxel e poi scegli particolari località geografiche dalla casella a discesa sulla sinistra

Se trovi un pezzo di terra che ti piace, puoi selezionarlo e comprarlo usando il tuo portafoglio digitale Metamask

Cryptovoxels è una piattaforma altamente user-friendly per creare cose

Una volta ottenuta l'autorizzazione, potrete accedere a un pannello del costruttore, dove scoprirete una varietà di impostazioni per aiutarvi nella costruzione

Puoi iniziare a costruire direttamente nel tuo browser, e puoi aggiungere colore, foto e persino file audio mentre vai

Non è più necessario possedere nulla per partecipare e osservare

Cryptovoxels fornisce pacchetti di gettoni non trasferibili (NFT) per garantire che nulla possa essere falsificato o rubato

Le transazioni sono in NFT, che sono poi conservate sulla blockchain di Ethereum

I criptovoxel sono appezzamenti di terreno a cui sono state assegnate coordinate uniche per luoghi particolari

A differenza di Decentraland, non ci sono dimensioni prestabilite a cui si è limitati

La maggior parte delle persone acquistano il loro terreno o acquistano case di nuova costruzione

Le piattaforme Cryptovoxels sono adatte a dispositivi di realtà virtuale come l'Oculus Quest, l'Oculus Rift e altri.

Questi dispositivi aiuteranno a collegare il mondo fisico con il mondo digitale, e molto lavoro è stato fatto in questo campo

Poiché tutto è fatto nel browser, non hai bisogno di alcuna conoscenza di codifica per completare il progetto

Funziona su un sistema a blocchi per tutto

Tutto quello che devi fare è trascinare e rilasciare i mattoni per assemblare il tuo pacchetto

Il ricavato della vendita delle trame andrà a sostenere lo sviluppo di Cryptovoxel

Altri

Alcuni altri mondi basati sulle criptovalute, come Axe infinity, Somnium Space e The Sandbox, stanno anche assistendo a una crescita del numero di membri e visitatori delle loro rispettive comunità

7.3 Come Investire in
NFT Real Estate

Possedere beni immobili NFT può sembrare un sogno impossibile, ma lo è? Per esempio, un gran numero di individui ha già acquistato terreni virtuali

Alcune risorse, mappe e oggetti unici sono disponibili per l'acquisto in popolari giochi online, ma hanno un costo

Quindi, dovreste investire in immobili NFT acquistando il vostro pezzo?

Supponiamo che tu sia un investitore, un collezionista o un giocatore che vuole accedere a una gamma di varie alternative di terreno, così come la possibilità di guadagnare un ritorno sul tuo investimento

In questo caso, dovreste considerare di possedere beni immobili NFT (terra virtuale)

L'acquisto di immobili NFT, soprattutto nella fase iniziale, è probabilmente una decisione saggia, dato che il valore della proprietà e la domanda di questi pacchi virtuali continuano a salire man mano che lo sviluppo progredisce

Anche se la maggior parte delle proprietà virtuali ha un prezzo elevato, questo non esclude la possibilità di acquistare la tua porzione di beni immobili NFT

Dato che l'immobiliare virtuale sta appena iniziando a guadagnare popolarità, investire nel settore ora potrebbe portare a ricompense significative in futuro

Questo scenario, che incorpora la realtà virtuale, bitcoin e la tecnologia blockchain, fornisce una nuova prospettiva speranzosa della terra virtuale e dei beni in generale

D'altra parte, a causa della certezza inconoscibile che il futuro contiene, prevedere se l'acquisizione di un pacco virtuale pagherà in futuro

Quindi, ricordatevi di soppesare i vantaggi e gli svantaggi di avere la vostra proprietà immobiliare virtuale prima di decidere

Ci sono diversi vantaggi nel possedere un immobile virtuale:

Investire in immobili virtuali può essere una decisione saggia

I beni immobili virtuali offrono l'opportunità di stabilire imprese, comunità e relazioni sociali con altre persone

Gli immobili NFT possono essere acquistati in modo sicuro e senza problemi, senza rischio di frode

Gli svantaggi di possedere un immobile virtuale:

- L'immobiliare virtuale non è un'alternativa conveniente all'immobiliare tradizionale per alcuni individui
- L'incertezza circonda il futuro degli immobili virtuali
- Non vi è alcuna garanzia che la blockchain in cui si acquista la proprietà continuerà ad essere supportata a breve

Dopo aver soppesato i vantaggi e gli svantaggi, dovrete determinare se l'acquisto del vostro immobile NFT è un investimento utile

Se siete qualcuno che si aspetta di trarre profitto semplicemente dal possesso di una proprietà virtuale, potreste essere frustrati in futuro, come lo sono molti altri

Ecco perché è fondamentale indagare su qualsiasi proprietà virtuale prima di acquistarla

D'altra parte, l'acquisto di qualsiasi proprietà virtuale che ti attrae è un'opzione sensata se sei un collezionista o un appassionato

Gli incentivi finanziari non guidano solo il desiderio di immobili NFT

Le persone che si impegnano nei mondi virtuali o nei videogiochi trovano che i mondi virtuali possono aiutarli a soddisfare le loro esigenze sociali.

requisiti

Questo è uno dei motivi per cui un numero crescente di individui si iscrive a questi siti

Con NFT real estate, vediamo una finestra di opportunità senza precedenti

Sei pronto ad affrontare il mondo?

7.4Perché il valore degli immobili NFT aumenterà?

Gli NFT stanno facendo incredibilmente bene, come si vede dalla notizia delle molteplici transazioni ad alto prezzo che sono state riportate

Man mano che cresce l'interesse per le NFT, la domanda di immobili legati alle NFT salirà alle stelle

Poiché la terra virtuale è amministrata sulla blockchain, il livello di sicurezza è eccellente, e molti la considerano un'opportunità di investimento relativamente senza rischi.

Anche le ipoteche su beni immobili NFT sono ammissibili in determinate circostanze

Inoltre, i mondi digitali non sono un'idea nuova; esistono da molto tempo e sono stati resi famosi da siti come Eve Online e Second Life, per citare alcuni esempi

I giocatori avevano creato economie sofisticate in questi ambienti digitali, aumentando la loro popolarità con il passare del tempo

Anche se gli individui andavano in questi regni, la maggior parte delle loro azioni ed esperienze erano nel mondo reale

Il blocco e l'epidemia del 2020 sono stati un momento spartiacque nella storia umana, spingendo gli individui a interagire più online che di persona

A sua volta, questo ha portato a un massiccio spostamento mondiale verso i mondi virtuali, che ha aumentato significativamente il prezzo degli immobili NFT in generale

A causa dell'aumento dei visitatori di questi siti di gioco e virtuali, gli investitori e i collezionisti sono diventati più consapevoli delle possibilità e del potenziale implicito nel boom immobiliare NFT

Alcuni individui sono disposti a spendere grandi somme di bitcoin per acquistare pacchi strategicamente

Questo è il futuro, e loro sono determinati a farne parte non appena sarà loro permesso di partecipare

Una volta ottenuto l'accesso a queste piattaforme, sono ansiosi di iniziare a costruire, affittare o rivendere le proprietà per un profitto

come puoi Diventare un "criptoartista" anche tu

Per i nuovi arrivati, imparare cos'è un NFT, inoltre, è relativamente semplice, ma una delle domande più frequenti, con risposte ambigue, è: "Come faccio a diventare un CriptoArtista?" Nel corso di questo test, si andrà oltre i fondamenti dell'essere un CriptoArtista

8.1Competenze stategiche e tecniche

Il primo passo è, naturalmente, aprire un portafoglio di criptovalute e convertire le valute fiat (come dollari USA o sterline inglesi) nella criptovaluta Ethereum

Per poter tokenizzare le tue opere d'arte sui negozi NFT, dovrai avere ETH a portata di mano

8.2 Familiarità con i negozi NFT

Avere familiarità con i vari negozi NFT ?

Un tipo di negozio NFT è un negozio NFT generale, dove tutti possono vendere le loro opere d'arte, e l'altro è un negozio curato, dove gli artisti devono essere accettati prima di poter vendere le loro opere

OpenSea e Rarible sono i due negozi NFT popolari, ma altri, come Cargo e Mintable, sono anche popolari

Piattaforme come Marketplace, KnownOrigin, SuperRare, Nifty Gateway e Blockparty controllano gli artisti prima di permettere loro di vendere il loro lavoro e richiedono una domanda

Essere accettati in questi gruppi può essere impegnativo se sei un nuovo arrivato con poca o nessuna presenza sui social media

8.3 "connettersi" con gli altri

Entrare in contatto con altri membri della tua tribù attraverso la comunità di CryptoTwitter

Questo è il metodo più efficace per iniziare come CryptoArtista

Connettersi con altri creatori e collezionisti nell'arena di New Frontiers of Technology (NFT) è una componente essenziale del marketing e della vendita del tuo lavoro

Oltre a Twitter, ci sono molti gruppi Discord e alcune piccole comunità su Facebook dove si verifica la maggior parte dell'attività, Twitter è un modo più comodo per iniziare e interagire con le persone, e puoi conoscere i gruppi Discord seguendoli su Twitter

La clubhouse ha anche guadagnato ultimamente popolarità come luogo di ritrovo per i membri della comunità NFT

Esplora gli artisti su mercati come marketplace, KnownOrigin, e segui quelli che ti colpiscono su Twitter

Da lì, puoi facilmente cadere nella tana del coniglio dei retweet e dei tag di altre persone, che ti porteranno a più artisti

E non dimenticare di interagire con il pubblico! Collaborare con gli artisti, i fan e i collezionisti per sviluppare connessioni durature con loro

Commenta le opere d'arte che apprezzi, esprimi i tuoi pensieri e sollecita i commenti dei creatori

8.4 conosci te stesso

Sii consapevole della tua personalità

Non c'è bisogno di dirlo, ma è fondamentale essere consapevoli del proprio stile particolare e distinguersi dalla folla come artista

Solo una manciata di artisti può essere facilmente differenziata dagli altri sulla base di un solo sguardo alle loro opere d'arte

Capire lo stile e il messaggio del marchio della vostra azienda

8.5Valore crescente della collezione

Aumentare il valore della collezione per i collezionisti

Un diluvio di iniziative a breve termine e quick-flip sta ora inondando il campo della CryptoArt, con poche prospettive di mantenere il loro valore nel lungo periodo

Anche se non c'è una risposta semplice a ciò che i proprietari e gli investitori desiderano, è ragionevole dire che a loro piace acquistare opere da artisti che possono promuoversi ed espandersi nella zona, così come quelli che probabilmente saranno lì per un lungo periodo.

Di solito è una buona idea aggiungere valore e curiosità a un portafoglio offrendo qualcosa di unico agli investitori a lungo termine, come riduzioni a tempo limitato

Ai collezionisti piace anche la scarsità e l'esclusività, come la consapevolezza di possedere un'edizione unica o un'opera d'arte speciale con solo dieci copie in totale

8.6 Pubblicizza la tua arte

Porta la tua arte all'attenzione del mondo

Non abbiate mai paura di shill (che è lo slang per "mostrare/promuovere") la vostra opera d'arte! Come per l'arte fisica, il marketing è una componente critica per vendere la tua arte digitale

Inoltre, con il crescente numero di artisti che entrano nello spazio, sta diventando sempre più cruciale

Supponiamo che tu venda tramite OpenSea o Rarible

In questo caso, dovrai affidarti totalmente alle tue capacità di marketing, dato che quelli sono mercati generici per tutti e tutte le persone

Dovrai lavorare sodo per assicurarti che il maggior numero di persone veda le tue opere d'arte, fai una lista dei social media che sono più rilevanti per la tua professione, e non aver paura di unirti alle organizzazioni o farti pubblicità su Twitter, ma non esagerare con questo

Porterai più attenzione al tuo profilo CryptoArt attraverso la tua attività sui social media

Se vuoi stabilire una credibilità e una "immagine di marca" per il tuo lavoro, un portfolio e un sito web sono anche strumenti essenziali da avere

La maggior parte delle piattaforme di CryptoArt ti richiederà di presentare un portfolio, quindi è sempre una buona idea averne uno a disposizione

Inoltre, avere un sito web aiuterà i potenziali collezionisti a saperne di più su di voi e sulla vostra narrativa distinta

Oltre all'acquisto di opere d'arte, i collezionisti investono sempre di più nella storia dietro l'opera d'arte e nella persona che l'ha creata

Un approccio per evitare di fare marketing è quello di inviare collegamenti spammosi alla tua CryptoArt in un messaggio personale ad amici e familiari

È inefficiente, e se non altro, quasi certamente lavorerà contro di voi

Se hai intenzione di comunicare con qualcuno sul tuo lavoro, fai uno sforzo per interagire con lui

Rendi il tuo messaggio più personale

Inoltre, nominare ripetutamente grandi collezionisti o aziende nei tuoi post pubblici non è una pratica intelligente, perché copierà e incollerà lo stesso messaggio senza alcuna personalizzazione

8.7 essere coerenti

È essenziale tenere a mente che la scena della CryptoArt e le NFT, in generale, sono relativamente nuove

Non scoraggiatevi se non siete efficaci subito o così rapidamente come speravate

Questo è solo l'inizio del tuo viaggio verso il successo

La comunità è calda e accogliente, e tutti sono desiderosi di aiutarsi a vicenda nei loro sforzi

Continua a creare, connettersi e condividere la tua arte con il resto del mondo

Fate gli aggiustamenti necessari e non abbiate paura di chiedere assistenza quando necessario

8.8 Conoscere il valore della propria arte

A quanto dovrebbero essere vendute le tue opere d'arte? Prendi in considerazione il fatto che ti sarà richiesto di pagare le tasse per il gas e il conio (a meno che tu non scelga di usare l'opzione di conio senza gas di OpenSea o l'opzione Magic Minting di Cargo) quando determini il prezzo delle tue opere d'arte

Se si include il costo del conio e del gas, ci si può aspettare di pagare ovunque da $50 a $80 per pezzo di gioielleria

Di conseguenza, la tua opera d'arte dovrebbe essere significativamente più costosa perché tu possa ottenere un profitto ragionevole

Inoltre, se non hai fatto quasi nulla per sviluppare la tua immagine di marca, potresti essere abbastanza fortunato da fare un paio di vendite, ma la tua carriera sarà molto probabilmente breve

Fissare un prezzo ragionevole per la tua opera d'arte

Solo perché qualcun altro ha venduto la sua CryptoArt per 1 ETH non implica che lo farai anche tu

Ci vuole tempo e lavoro per stabilire il tuo marchio, che richiede tempo e sforzo

8.9 Iniziare con una collezione

Iniziare con una collezione di oggetti

È una buona idea iniziare vendendo una piccola collezione di opere d'arte, da tre a otto opere in totale

Un argomento e un racconto dovrebbero essere inclusi in tutta la collezione

I collezionisti saranno motivati ad acquistare più di un articolo da voi in questo modo, poiché è sempre bene avere l'intera serie

8.10 Mostre nel Metaverso

Una volta che hai acquisito maggiore familiarità con l'ambiente CryptoArt, puoi iniziare a fare ricerche sui metaversi, come Decentraland, Cryptovoxels e Somnium Space, per approfondire la tua conoscenza

In questi metaversi, ci sono gallerie virtuali che presentano mostre d'arte ogni settimana

Questa è un'eccellente opportunità per promuovere il tuo business mentre incontri nuove persone, e può anche portare ad alcune opportunità di intervista

Questi metaversi hanno un account Twitter, aggiornato con build e mostre attuali

Seguendo questo account, puoi interagire con le persone che gestiscono le gallerie e organizzare una mostra

C'è un'enorme quantità di promesse nel settore, e ci sono diverse idee fresche e fantastiche che vengono introdotte ogni giorno

Ricorda, non avere paura

per interagire con gli altri, esprimere la propria individualità e continuare a creare!

Come proteggerti e Sicurezza del mondo delle NFT

Per le organizzazioni senza scopo di lucro, è stato un anno emozionante

Più si passa nello spazio, più si scopre che c'è molto da imparare

Diverse variabili ed elementi in movimento potrebbero essere difficili da tenere sotto controllo

Ecco una lista di suggerimenti che si raccolgono lungo la strada per aiutarvi ad iniziare o se avete appena iniziato ad acquistare NFT

Questo è scritto solo per i principianti, e dopo averlo visto, vi sentirete più sicuri nel fare un passo avanti e iniziare a lavorare acquistando e vendendo NFT!

Prima di iniziare, dovreste considerare queste:

Prima di tutto, questo non è un 101, ma se stai iniziando, ci sono cinque diversi tipi di piattaforme con cui dovresti avere familiarità

Includerò i termini più regolarmente usati per ogni forum qui sotto, dato che saranno tutti critici per il tuo successo durante il tuo viaggio

Coinbase.com è usato per acquistare criptovalute, MetaMask Wallet memorizza NFT, Opensea

io è usato come un mercato per comprare e vendere NFT, Twitter è usato per comunicare con altre persone coinvolte in NFT, e Discord è usato per annunci e dibattiti specifici del progetto

Fate questi cinque passi e sarete pronti a partire!

Sicurezza

Dobbiamo discutere di privacy e sicurezza ora che siete pronti ad acquistare NFT in modo indipendente

La gente lavorerà instancabilmente per tentare di defraudarvi e derubarvi in questo ambiente, e dovete essere consapevoli dei pericoli in cui vi state mettendo

Tenete a mente queste linee guida

Non cliccare mai su link e annunci se non sei sicuro che siano legittimi

I tuoi DM di Discord saranno bombardati da link a siti web potenzialmente fraudolenti

Per aiutare a limitare questo, puoi disattivare le comunicazioni dirette dai membri del server visitando questa pagina:

Guida per principianti alle tecniche di NFT

Se ricevi risposte ai tuoi post su Twitter che includono link che sembrano essere frodi, blocca le persone responsabili

Non divulgare mai la tua frase seme a nessuno! Tranne te, nessun altro ne ha bisogno, e deve essere conservata in un luogo sicuro

Evita di fare screenshot per diminuire la possibilità che le tue informazioni private vengano condivise

L'indirizzo del suo portafoglio è visibile al pubblico e può essere condiviso con altri

La gente vorrà il tuo indirizzo postale per inviarti NFT o criptovalute, ed è sicuro distribuire questo documento

La versione mobile di MetaMask è OK se vuoi la comodità, ma fai attenzione a non cliccare su nessun link che potrebbe portare alla frode se lo usi

Se hai dei dubbi sul fatto che il tuo account sia stato violato o meno, puoi congelare il tuo account visitando questa pagina:

Assicuratevi di essere nel progetto corretto mentre usate OpenSea

Progetti falsi che sembrano abbastanza simili a quelli reali saranno messi in piedi per defraudarti

Inoltre, quando si acquistano pacchi, bisogna essere sicuri che ogni NFT all'interno del mucchio provenga veramente da un progetto simile al resto del mucchio.

Questa è una frode regolare in cui ci si può imbattere

Considera l'utilizzo di un portafoglio difficile per i tuoi NFT di alto valore per offrire un ulteriore grado di protezione

Speriamo che tutto questo non vi abbia spaventato, ma è fondamentale essere consapevoli dei fatti, e sarà tutto una seconda natura per voi in poco tempo!

La blockchain di Ethereum ospiterà la maggior parte degli NFT che acquisterai, e ogni transazione avrà un costo per il consumo di gas

Il prezzo del gas cambia regolarmente, e maggiore è il prezzo della benzina, più soldi vi costerà ogni transazione per completare l'affare

Il secondo aspetto da menzionare riguardo al gas è che il prezzo tende ad essere più economico di notte e nei fine settimana quando l'azione è ridotta

Di conseguenza, si dovrebbe cercare di fare acquisti a basso costo in determinati periodi dell'anno

Infine, questo è un livello oltre il novizio, ma si può accelerare il gas se si tenta di snipe un NFT o coniare un progetto in grande richiesta, ma questo non è raccomandato

Se accettate la tassa aggiuntiva, potete farlo cliccando sull'opzione di accelerazione all'interno di un addebito in sospeso in MetaMask e poi approvando la transazione

Strategia

Se potete, acquistate molti NFT da un singolo progetto, il che vi permette di venderne uno se ne avete bisogno mentre continuate a partecipare all'iniziativa

I comuni dovrebbero essere venduti, mentre i rari dovrebbero essere tenuti

Dovresti vendere prima ituoi NFTpiù frequenti se noti che un programma sta decollando e vuoi prendere dei guadagni dal tavolo

Questo perché l'aumento di valore del NFT non comune ha una traiettoria esponenzialmente più significativa se il progetto continua ad espandersi

L'idea breve è quella di guardare le caratteristiche durante la ricerca per scoprire quali caratteristiche sono più limitate

Parleremo di come rilevare la rarità in modo più dettagliato più avanti

Cercate sempre di mantenere una piccola quantità di $ETH (1 - 2) a portata di mano se si ottiene una zecca gratuita sul vostro progetto o se un affare di una vita viene fuori sul vostro progetto

Inoltre, il gas è richiesto per transazioni come la quotazione o la cancellazione di NFT, il che rende vantaggioso tenere le riserve a portata di mano in ogni momento

Tieni d'occhio i muri in vendita

Se vedete 100 NFT elencati a

15, per esempio, sappiate che ci vorrà del tempo per sfondare quel muro e che probabilmente vedrete un po' di undercut nel frattempo per compensare il ritardo

Esaminare le attività di acquisto

Questo vi dirà quanto spesso questa impresa viene acquistata, e maggiore è il numero di acquisti, più ottimista è il mercato

Questa informazione è disponibile per qualsiasi operazione in OpenSea

Domande frequenti
e risposte

Qual è la differenza tra un token fungibile e un token non fungibile?

I gettoni fungibili non sono distinguibili l'uno dall'altro e possono essere separati, ma i gettoni non fungibili sono distinti e inseparabili

Anche gli standard dei token a cui aderiscono varieranno, con l'NFT che aderisce a ERC- 721 o un altro standard comparabile e il fungibile che aderisce a ERC-20, rispettivamente

È possibile utilizzare gli NFT come una sorta di investimento?

È possibile impiegare gli NFT come investimento al momento, date le condizioni esistenti

È possibile acquisire un NFT e rivenderlo per un profitto

In alcuni casi, i mercati NFT permettono anche ai venditori NFT di ottenere royalties sui beni che vendono

Per le sue opere digitali, l'artista digitale Mike Winkelmann aka Beeple, ha prodotto una serie di NFT, che ha chiamato la serie Beeple

Nell'ottobre dello scorso anno, ha venduto il primo lotto di NFT, ognuno dei quali è stato valutato a 66.666 dollari

Uno degli NFT, inizialmente venduto per

$66,666, è stato recentemente rivenduto per 6 milioni a un acquirente di beni digitali a Singapore, che lo aveva inizialmente acquistato per 66.666 dollari

Anche se le transazioni non finanziarie (NFT) potrebbero essere considerate un'opportunità per investire, le questioni legali degli investimenti NFT non sono ancora state chiarite nella maggior parte dei paesi

 Di conseguenza, si possono prevedere restrizioni e limiti all'acquisto di NFT a seconda della giurisdizione dell'investitore

È proibito se il NFT dà all'acquirente un ritorno sul suo investimento?

Non è illegale nella misura in cui il venditore NFT rispetta le norme e i regolamenti della SEC o le leggi e i regolamenti della loro giurisdizione

È necessario determinare se i NFT che stanno vendendo sono beni o no

Questo è valutato alla luce del motivo della formazione e della vendita della NFT

Supponiamo che un NFT sia emesso in cambio di un oggetto non tangibile esistente venduto come un oggetto da collezione con una garanzia pubblica di validità sulla blockchain

In tal caso, il NFT non può essere considerato un titolo ai sensi del Securities and Exchange Act del 1934

Quando i NFT sono emessi e venduti per i venditori per ottenere rendimenti da investimenti, è molto probabile che i NFT siano caratterizzati come titoli

In particolare, coniare NFT è così costoso per i piccoli artisti digitali solleva se questo è un problema

Attualmente, il costo del gas per gli NFT creati sulla blockchain di Ethereum è di circa 40 dollari

Questo non è possibile nel caso di opere digitali di basso valore

Un'altra alternativa è quella di coniare NFT su altre reti meno costose, come Tezos o Polkadot, che sono meno costose di Ethereum

Qual è il modo migliore per capire se il vostro NFT è genuino?

La proprietà degli NFT è registrata e memorizzata su una blockchain, e questa voce serve come un foglio rosa digitalizzato nel mondo digitale

La definizione di blockchain è tutto un altro paio di maniche, che potete leggere qui

L'uso delle NFT è un concetto nuovo?

Stanno diventando sempre più popolari, anche se non sono nuovi

Andrew Steinwold ha fatto risalire gli inizi delle criptovalute alle monete colorate sostenute dalla blockchain nel 2012

Tuttavia, non è stato fino a quando CryptoKitties è diventato virale nel 2017 che sono stati ampiamente accettati

Perché dovrei voler essere l'orgoglioso proprietario di un NFT? È possibile per me guadagnare soldi con esso?

Il valore emotivo di un NFT, paragonabile ai beni reali (a meno che non siate puramente utilitaristi), è una delle ragioni principali per averne uno

Nessuno compra il lucidalabbra perché sente il bisogno di farlo, e lo compra perché li aiuta a sentirsi quando lo usano

Nel caso di una GIF, un'immagine, un video o qualsiasi altro bene digitale, si può dire lo stesso

La seconda ragione è che voi credete che sia prezioso

e che il suo valore non potrà che aumentare in futuro

Puoi guadagnare da un NFT acquistandolo ad un prezzo più basso e rivendendolo ad un prezzo più alto

Cosa c'è in un NFT che lo rende prezioso?

Il valore di un NFT deriva dalla proprietà che significa, che è tipicamente qualcosa che sembra esistere nel mondo digitale, come un pezzo d'arte autentico o una porzione di memorabilia digitale, ed è rappresentato dal simbolo "$

" Non è necessario che l'NFT stesso contenga la proprietà digitale, ma piuttosto che punti alla posizione della proprietà digitale sulla blockchain

Un NFT, come un biglietto di un concerto o un atto di proprietà immobiliare, riflette il valore monetario della cosa che rappresenta

Credete che gli NFT siano il futuro del collezionismo e dell'arte?

Tutto dipende dalla persona con cui si parla

Artisti, atleti, musicisti, celebrità e altri sono attratti dagli NFT perché forniscono un modo nuovo e unico per vendere la loro merce - comprese cose come meme, GIF e tweet - direttamente ai loro fan attraverso le piattaforme dei social media.

Le NFT permettono anche agli artisti di programmare le royalties in corso se la proprietà viene venduta a un nuovo proprietario

Le gallerie credono di avere la possibilità di raggiungere una nuova era di collezionisti

Perché si usa l'NFT nei giochi?

I gettoni non fungibili nell'industria del gioco sono un concetto rivoluzionario che può migliorare significativamente l'efficienza

Il NFT in-game permette all'utente di coniare e vendere gli investimenti in-game come NFT nei mercati NFT, permettendo all'utente di guadagnare soldi mentre gioca

Hanno anche aperto la strada a creando un unico mondo, e NFT spinge il business del gioco al livello successivo, dove i giocatori saranno compensati anche per partecipare a giochi basati su NFT

Cos'è un NFT fisico?

I NFT fisici sono beni che si basano principalmente su beni che sono attualmente disponibili nel mondo reale; possono essere qualsiasi cosa, da un bene immobile a qualsiasi oggetto nel mondo reale; l'edizione digitale dell'investimento sarà delegata con un token che rappresenta il bene fisico, e l'edizione digitale dell'investimento sarà designata con un permesso che significa il bene fisico

È possibile vendere oggetti fisici come NFT?Sì, è possibile, poiché i beni fisici che si trasformano in beni produrranno una versione digitale di se stessi e includeranno un identificatore unico

I beni fisici possono essere venduti sul mercato NFT nello stesso modo in cui i beni digitali possono essere venduti sul mercato

Qual è lo scopo di NFT Marketing?

L'ambiente NFT si riempie sempre più regolarmente, con più versioni e credenze prodotte in un giorno tipico

Il marketing dei prodotti e dei servizi NFT sarà una componente essenziale della vita professionale della NFT

Per mantenere lo status della vostra risorsa come centro dell'attenzione nel mercato NFT

Qual è il modo migliore per commercializzare il mio progetto NFT?

Grazie alla loro vasta conoscenza e professionalità, le aziende di marketing NFT sono una scelta eccellente per pubblicizzare le vostre organizzazioni no-profit (NFO)

Tuttavia, supponiamo che tu voglia perseguire un marketing economico

In questo caso, sarà necessario utilizzare vari metodi di marketing, tra cui il social media marketing, l'influencer marketing e altre tattiche simili, per mantenere il vostro prodotto nell'occhio pubblico

Conclusioni
e considerazioni finali

La varietà di possibilità con le NFT è quasi illimitata e diversificata

I gettoni non fungibili, oltre a servire come souvenir di gioco e opera d'arte digitale, hanno il potenziale per simboleggiare oggetti di proprietà del mondo virtuale e persino alterare il gioco nei campi della moda e dello sport

Ancora più importante, data la crescente popolarità e l'uso diffuso delle NFT, sembra inevitabile che le piattaforme diverse da Ethereum sposteranno la loro attenzione dallo sviluppo del supporto NFT basato su Ethereum in futuro

L'NFT è ancora nella sua fase iniziale, ma ha già un grande potenziale, e fornisce agli artisti dei vantaggi che non hanno mai sperimentato prima

Quindi, è sicuro prevedere che più artisti saranno attratti dall'industria della tecnologia non fungibile (NFT) in un futuro non troppo lontano

È legale per gli NFT esistere al di fuori delle blockchain delle criptovalute (come Ether) e permettere il trasferimento legale nel mondo reale della proprietà dei beni digitali sottostanti

Il protocollo fai da te dimostra come le transazioni non finanziarie (NFT) possono essere utilizzate per trasferire una proprietà genuina e legalmente vincolante

In generale, NFT è un nuovo strumento che può soddisfare le richieste di produttori, consumatori e collezionisti di una vasta gamma di oggetti non digitali e digitali in vari contesti

Di conseguenza, sono quasi certamente destinati a rimanere, o per lo meno, costituiscono una prima tappa verso lo sviluppo di nuovi metodi per trattare la proprietà e l'origine di tali beni.

Questo lavoro accelererà la recente ricerca sulla NFT in una vasta gamma di campi, tra cui economia, informatica, storia dell'arte, diritto, scienze sociali computazionali e evoluzione culturale.

Inoltre, i risultati aiuteranno i professionisti a dare un senso a un ambiente che cambia rapidamente e a informare la creazione di mercati più efficienti e il quadro normativo che li accompagna.

www.ingramcontent.com/pod-product-compliance
Lightning Source LLC
Chambersburg PA
CBHW071221050326
40689CB00011B/2398